B1/B2

MENSCHEN IM BERUF

SCHREIB-TRAINING

Deutsch als Fremdsprache

Axel Hering
Magdalena Matussek

Hueber Verlag

Dieser Band ist eine Neubearbeitung des Titels
Geschäftskommunikation – Besser schreiben
(ISBN 978–3–19–101587–9).

| 3. 2. 1. | Die letzten Ziffern |
| 2020 19 18 17 16 | bezeichnen Zahl und Jahr des Druckes. |

Alle Drucke dieser Auflage können, da unverändert,
nebeneinander benutzt werden.
1. Auflage
© 2016 Hueber Verlag GmbH & Co. KG, München, Deutschland
Umschlaggestaltung: Sieveking · Agentur für Kommunikation, München
Layout und Satz: Sieveking · Agentur für Kommunikation, München
Verlagsredaktion: Thomas Stark, Hueber Verlag, München
Druck und Bindung: Firmengruppe APPL, aprinta druck GmbH, Wemding
Printed in Germany
ISBN 978–3–19–141587–7

Inhaltsverzeichnis

Vorwort 5

1 Firmennachweis 6
   Finalsätze: *um … zu – damit*, Verben mit Präpositionen

2 Anfrage 12
   Adjektivdeklination Typ 1, Genus der Nomen

3 Angebot 18
   Adjektivdeklination Typ 2, Wortbildung: Fugenelement *-s-*, Kommaregeln

4 Werbebrief 26
   Trennbare und untrennbare Verben, Bildung des Partizips II

5 Nachfassbrief 32
   Bildung des Perfekts, Perfekt oder Präteritum?, Temporalsätze: *wenn – als*

6 Auftrag / Bestellung, Widerruf 38
   Konditionalsätze: *wenn – dann / bei* + Dativ

7 Auftragseingang, Annahme / Ablehnung 44
   Höfliche Formulierungen: Imperativ / Konjunktiv II, *kennen – wissen*,
   mögen – möchten – wollen

8 Lieferung, Versandanzeige, Rechnung 50
   n-Deklination, Kausalsätze

9 Wareneingang: Empfangsbestätigung, Zahlungsanzeige 58
   Passiv, Passiv mit Modalverben, Passiv-Ersatz

10 Lieferverzögerung: Mahnung, Antwort auf eine Mahnung 64
   dass-Sätze, Infinitivkonstruktionen, Zukunft – Futur

11 Reklamation, Antwort auf eine Reklamation 70
   Indirekte Fragesätze, Konzessivsätze, *schon – noch nicht / noch kein*,
   noch – nicht mehr / kein … mehr

12 Zahlungsverzögerung: Mahnung, Antwort auf eine Mahnung 76
   Temporale Nebensätze

13 Zahlungsschwierigkeiten, Versuch einer Einigung 84
   Relativsätze I

14 Kreditauskunft 90
   Relativsätze II, Relativsätze mit *wo*, Relativsätze mit *was* oder *wo(r)-* + Präposition

15 Termine, Einladung, Dankschreiben, Geschäftsreise 96
   Komparativ – Superlativ, Komparativ und Superlativ vor einem Nomen, Vergleiche

Lösungen 106

Vorwort

Dieses Buch gehört zu einer Reihe von Trainern für Fertigkeiten, die im Alltag der meisten Berufe eine wichtige Rolle spielen: *Telefontraining, Bewerbungstraining, Training Besprechen und Präsentieren.* Mit diesem Band trainieren Sie systematisch und aktiv Ihre schriftlichen kommunikativen Fähigkeiten.

Dieses Buch richtet sich an fortgeschrittene Lernende, die die deutsche Sprache im beruflichen Alltag benötigen. Durch praxisnahe Beispiele aus dem Wirtschaftsbereich mit den Schwerpunkten Import und Export werden typische Kommunikationsmuster vermittelt, die zum Standard sprachlichen Verhaltens im modernen Geschäftsleben gehören.

Grundlage guter Kundenbeziehungen ist nach wie vor eine gelungene Korrespondenz, deren wichtigste Formen in diesem Buch ausführlich dargestellt werden. Einerseits bieten vorgegebene Brief- und E-Mail-Beispiele eine optimale Hilfe, andererseits werden die Kenntnisse des Lernenden durch themenbezogene Formulierungs- und Grammatikübungen aktiviert, erweitert und vertieft. Der Selbstlerner kann seine Lösungsvorschläge anhand des Schlüssels am Ende des Buches überprüfen, im Unterricht unterstützt der Kursleiter den Lernerfolg.

Die 15 Kapitel sind als thematische Einheiten aufeinander abgestimmt, müssen aber nicht in der vorgegebenen Reihenfolge durchgearbeitet werden. Je nach Schwerpunkt können sich die Lernenden ihr individuelles Trainingsprogramm zusammenstellen.

Wird das Buch im Unterricht eingesetzt, entspricht ein Kapitel zwei bis drei Unterrichtseinheiten auf dem Niveau B1 – B2.

Firmennachweis

Haben Sie ein Produkt, das Sie im Ausland verkaufen wollen? Oder möchten Sie für Ihre Firma selbst ein ausländisches Produkt kaufen? Suchen Sie im Ausland vielleicht einen Lizenzgeber oder Lizenznehmer, einen Kooperationspartner oder einen Vertreter? Dann brauchen Sie Adressen, Adressen und nochmals Adressen. Auf Deutsch nennt man das *Firmennachweis*. Das ist eine Liste mit Namen und Adressen möglicher Geschäftspartner.

Dieses Kapitel zeigt Ihnen, wie Sie sich dabei sprachlich richtig verhalten.

1 **Bei welchen Institutionen bekommt man einen Firmennachweis?**
Kreuzen Sie an. (Insgesamt sieben Antworten sind richtig.)

In Ihrem Land:

1. ◯ Ihre Bank
2. ◯ Ihre Handelskammer
3. ◯ eine ausländische Handelsvertretung
4. ◯ eine Spedition
5. ◯ eine Botschaft

Im Ausland:

6. ◯ die Botschaft Ihres Landes
7. ◯ eine Wirtschaftsvertretung Ihres Landes
8. ◯ eine Universität
9. ◯ lokale Organisationen (z. B. eine Industrie- und Handelskammer)

2 **Haben Sie schon einmal Kontakt zu ausländischen Firmen gesucht? Was haben Sie gemacht?**
Was würden Sie machen? Sprechen Sie zu zweit und berichten Sie im Kurs.

GASTURBINEN
Mannheim GmbH

Hauserstraße 10   Postfach 10 43
71032 Böblingen   71029 Böblingen
Telefon: 0 70 31 23 41-0
Telefax: 0 70 31 23 41-265
www.gasturbinenmannheim.de
info@gasturbinenmannheim.de

Gasturbinen Mannheim GmbH · Postfach 10 43 · 71029 Böblingen

Deutsch-Italienische Handelskammer
Pettenkoferstr. 35
80336 München

Firmennachweis

02.03.20..

Sehr geehrte Damen und Herren,

wir sind Hersteller von Gasturbinen und möchten gern mit italienischen Firmen in
Verbindung treten, die solche Aggregate benötigen.

Damit Sie einen Überblick über unser Produktionsprogramm gewinnen können,
legen wir einige Prospekte bei und verweisen auf unsere Homepage. Wir sind seit über
30 Jahren auf Gasturbinen spezialisiert und verfügen deshalb über große Erfahrung
auf diesem Gebiet.
Bitte nennen Sie uns Unternehmen in Italien, die sich eventuell für unsere Erzeugnisse
interessieren. Wir werden uns dann direkt an diese Firmen wenden.

Vielen Dank für Ihre Bemühungen.

Mit freundlichen Grüßen
Gasturbinenfabrik Mannheim GmbH

i. A. Kurt Schneider

Anlagen: Prospekte

Bankhaus Dreyer & Co., Böblingen
IBAN DE72 5043 0300 3670 0589 63
BIC DREYDEFF987
Amtsgericht Böblingen HRB 50303
Geschäftsführer: Hans Meiser
UST(VAT)-ID-Nr. DE 129 030 446

An: iszihkmail@muenchen.ihk.de

Betreff: Lieferanten von Bierflaschen-Etiketten

Sehr geehrte Damen und Herren,
unsere Brauerei sucht Lieferanten von Bierflaschen-Etiketten.
Bitte nennen Sie uns einige Firmen, die solche Etiketten produzieren.
Wir danken Ihnen für Ihre Bemühungen.
Mit freundlichen Grüßen
Albert Haushofer

BÄRENBRÄU AG

Gelbe Gasse 15
4020 Linz
Telefon 07 32 69 86 32
Telefax 07 32 69 86 54
www.baerenbraeu.at
info@baerenbraeu.at

A Formulierungstraining

A1 **Wenn Sie einen Geschäftsbrief schreiben, können Sie Ihr Anliegen in verschiedenen Varianten formulieren. Welche Sätze haben die gleiche Bedeutung? Ordnen Sie zu.**

1 Unser Unternehmen ist im Bereich des Handy-zubehörs tätig.

2 Wir sind sehr erfahren in diesem Bereich.

3 Wir sind Produzenten von Spezialfolien.

4 Wir suchen Kontakt zu Firmen, die sich für unsere Produkte interessieren.

5 Wir stellen Farbstoffe her.

6 Wir produzieren Etiketten in verschiedenen Farben und Größen.

A Wir verfügen über große Erfahrungen auf diesem Gebiet.

B Wir suchen die Zusammenarbeit mit Firmen, die Interesse an unseren Produkten haben.

C Unsere Erzeugnisse sind Etiketten aller Art.

D Wir sind Hersteller von Farbstoffen.

E Unsere Firma ist auf die Fertigung von Klebe-folien spezialisiert.

F Wir sind auf die Fabrikation von Smartphone-Hüllen spezialisiert.

A2 **Was passt zusammen? Ordnen Sie zu.**

1 Wir möchten mit Firmen in Verbindung treten,

2 Bitte teilen Sie uns

3 Weitere Informationen

4 Bitte nennen Sie uns

5 Wir suchen die Kooperation

6 Damit Sie einen Überblick

A über unser Programm gewinnen können, ...

B die Bedarf an unseren Erzeugnissen haben.

C finden Sie auf unserer Website.

D mit Partnern, die unsere Produkte benötigen.

E Namen und Adressen möglicher Ansprechpartner.

F die Namen und Adressen entsprechender Firmen mit.

A3 **Ergänzen Sie.**

freundlichen • geehrte • Hersteller • legen ... bei • mitzuteilen • Partner • Produkte • Produktionsprogramm • spezialisiert • tätig • verfügen • zu geben

Sehr _____ (1) Damen und Herren,

als expandierender _____ (2) von Kopieranlagen suchen wir einen _____ (3), der als Importeur unsere _____ (4) künftig auch in Ihrem Land vertreiben könnte.

Um Ihnen einen Überblick über unser _____ (5) _____ (6), _____ wir Ihnen einige Prospekte _____ (7). Wir sind seit mehr als 20 Jahren auf die Herstellung solcher Maschinen _____ (8) und _____ (9) deshalb über viel Erfahrung in diesem Bereich.

Wir bitten Sie, uns Namen und Adressen einiger Firmen _____ (10), die auf diesem Gebiet _____ (11) sind.

Mit _____ (12) Grüßen

A4 **Eine Firma aus Taiwan sucht Geschäftspartner in Bayern. Rekonstruieren Sie den Brief.**

von Autoersatzteilen • mit leistungsfähigen Firmen, • und suchen die Zusammenarbeit • wir sind der größte taiwanesische Importeur • ~~Sehr geehrte Damen und Herren,~~ • die sich für den Vertrieb ihrer Produkte in unserem Land interessieren. • legen wir Prospekte bei. • Damit Sie einen Überblick über unser Angebot bekommen, • Mit freundlichen Grüßen • mit den Namen und Adressen der führenden bayerischen Firmen dieser Branche zu. • Bitte senden Sie uns ein Verzeichnis

Sehr geehrte Damen und Herren,

B Grammatik

Finalsätze: *um ... zu – damit*

Finalsätze antworten auf die Frage: *Wozu? Mit welcher Absicht? Zu welchem Zweck?*

Die Absicht oder das Ziel kann man mit einem Finalsatz mit *um ... zu* oder *damit* ausdrücken.

Subjekt in Haupt- und Nebensatz gleich: *um ... zu*

***Wir** legen einige Prospekte bei.* ***Wir** wollen Ihnen einen Überblick über unser Produktionsprogramm geben.*

***Wir** legen einige Prospekte bei,* **um** *Ihnen einen Überblick über unser Produktionsprogramm* **zu** *geben.*

***Um** Ihnen einen Überblick über unser Produktionsprogramm* **zu** *geben, legen wir einige Prospekte bei.*

Subjekt in Haupt- und Nebensatz nicht gleich: *damit*

***Wir** legen einige Prospekte bei.* ***Sie** sollen einen Überblick über unser Produktionsprogramm bekommen.*

***Wir** legen einige Prospekte bei,* **damit Sie** *einen Überblick über unser Produktionsprogramm bekommen.*

***Damit Sie** einen Überblick über unser Produktionsprogramm bekommen, legen* **wir** *einige Prospekte bei.*

Der Finalsatz ist ein Nebensatz, das Verb steht am Ende. Der Finalsatz kann vor oder nach dem Hauptsatz stehen.

Beachten Sie die Position von *zu* bei

- trennbaren Verben: *um anzufangen*
- *können, müssen, dürfen* (Modalverben): *um ... geben* **zu** *können*

Da die Konnektoren *um ... zu / damit* bereits das Ziel, den Wunsch oder die Absicht ausdrücken, sind die Modalverben *wollen / möchten / sollen* im Finalsatz nicht möglich.

B1 Verbinden Sie die Sätze mit *um ... zu.*

1 Die Firma sucht einen neuen Markt. Sie will ihren Absatz erhöhen.

_____

2 Das Unternehmen modernisiert die Maschinen. Es will schneller und billiger produzieren können.

_____

3 Wir wenden uns an Sie. Wir möchten Informationen über die aktuelle Marktlage bekommen.

_____

_____

B2 Verbinden Sie die Sätze mit *damit.*

1 Wir brauchen zuverlässige Lieferanten. Unsere Produkte sollen rechtzeitig auf den Markt kommen.

_____

2 Wir verarbeiten nur die besten Rohstoffe. Die Qualität soll gewährleistet sein.

_____

3 Die Firma investiert viel. Dieses Projekt soll ein Erfolg werden.

_____

_____

B3 Was passt? *um ... zu* oder *damit*?

1 Besonders mit dänischen Firmen würden wir gerne Kontakt aufnehmen. Wir möchten uns über die Chancen auf diesem Markt informieren.

_____

_____

2 Unser Unternehmen sucht die Kooperation mit einem zuverlässigen Partner. Unsere Waren sollen in ganz Dänemark verkauft werden können.

_____

_____

3 Zwei unserer Manager reisen nach Kopenhagen. Sie sollen den dänischen Markt kennenlernen.

_____

_____

Verben mit Präpositionen

Im Deutschen kommen häufig Verben mit Präpositionen vor.

*Wir **verfügen über** große Erfahrung auf diesem Gebiet.*

Bitte lernen Sie diese Verben immer mit Präposition und Kasus.
In diesem Beispiel: *verfügen + über + Akkusativ*

Bitte achten Sie auf folgende Unterschiede:

sich freuen auf + Akk.	*Ich freue mich auf das Wochenende.* (Zukunft)
sich freuen über + Akk.	*Ich freue mich über deine E-Mail.* (Gegenwart)
sich interessieren für + Akk.	*Wir interessieren uns für Ihr Angebot.*
interessiert sein an + Dat.	*Wir sind an Ihrem Angebot interessiert.*
Interesse haben an + Dat.	*Wir haben Interesse an Ihrem Angebot.*

Wird ein Verb mit Präposition nicht mit einem Nomen, sondern mit einem Neben- oder Infinitivsatz kombiniert, dann steht vor der Präposition ein *da-* oder, wenn die Präposition mit einem Vokal beginnt, ein *dar-*.

danken für + Akk.	*Wir danken Ihnen **dafür**, dass Sie uns so schnell informiert haben.*
sich bemühen um + Akk.	*Wir bemühen uns **darum**, einen Kooperationspartner zu finden.*

B4 **Unterstreichen Sie im folgenden Text die Verben mit ihrer jeweiligen Präposition. Manche Verben haben zwei Präpositionen. Notieren Sie diese Verben mit Präpositionen und ergänzen Sie dabei den Kasus (Akkusativ oder Dativ).**

Die dänische Firma H. C. Andersen interessiert sich für Intensiv-Sprachkurse in München, da sie mit dem Vertrieb ihrer Produkte in Deutschland und Österreich beginnen will. Einige Manager sollen an Sprachkursen teilnehmen, damit sie sich mit den Kunden auch auf Deutsch über die gemeinsamen Projekte unterhalten können.

Die Firma erkundigt sich bei diversen Sprachschulen nach passenden Sprachkursen und bittet um Informationen über Kurstypen, Termine und Kursdauer. Die Entscheidung für ein bestimmtes Sprachinstitut hängt natürlich auch vom Preis ab.

Einige Mitarbeiter verfügen schon über Deutschkenntnisse und bereiten sich auf einen Kurs für Fortgeschrittene vor. Sie freuen sich auf diese Gelegenheit, da sie sich dann ganz auf die Fremdsprache konzentrieren können. In München gewöhnen sie sich schnell an die neue Umgebung. Sie denken nur manchmal an ihre Firma, denn sie beschäftigen sich den ganzen Tag mit der deutschen Sprache. Sie sprechen sogar mit ihren dänischen Kollegen Deutsch und freuen sich über ihre Fortschritte.

sich interessieren für + Akk

B5 Ergänzen Sie die Präpositionen oder *da-* / *dar-* und Präposition.

Liebe Inga,

stell Dir vor, ich nehme gerade mit Ole und Lars _____ (1) einem Deutschkurs in München teil. Wir haben uns ja schon in Kopenhagen _____ (2) beschäftigt, Deutsch zu lernen, aber hier ist das viel effektiver!

Und wir haben auch großes Interesse _____ (3) München und Bayern.

Ich interessiere mich sehr _____ (4) die Sehenswürdigkeiten hier und freue mich schon _____ (5) das nächste Wochenende. Da will ich mit Ole entweder das Deutsche Museum besuchen oder an den Chiemsee fahren – das hängt _____ (6) Wetter ab. Ole hofft sehr, dass die Sonne scheint, denn er hat sich schon _____ (7) erkundigt, was es kostet, ein Segelboot auf dem Chiemsee zu mieten – er segelt doch so gern.

So, jetzt werde ich mich noch etwas _____ (8) konzentrieren, die Verben mit Präpositionen für morgen zu lernen – und dann geht 's in den Biergarten!

_____ (9) einen Besuch von Dir würden wir uns übrigens sehr freuen. Denk doch bitte mal _____ (10) nach.

Viele Grüße aus dem sonnigen München

Britta

C Schreibtraining

Wichtig

- Bitten Sie um Namen und Adressen potentieller Geschäftspartner.
- Präsentieren Sie kurz Ihre eigene Firma und Ihre Produkte, denn: Nur wer selbst informiert, wird die gewünschte Information bekommen.
- Formulieren Sie Ihr Ziel möglichst kurz und präzise.
- Denken Sie an eine aussagekräftige Betreffzeile.

Vermeiden Sie

- Emoticons wie z. B. Smileys
- HTML-Formatierung

C1 Schreiben Sie einen Brief.

Sie sind: Klaviervertrieb Adams & Hooper, Melbourne, Australien

Sie schreiben an: Deutsche Botschaft in Canberra, Australien

Sie wollen: Klaviere aus Deutschland importieren

C2 Auch bei einer E-Mail geht korrekter Korrespondenzstil vor Schnelligkeit.
Welche vier Punkte sollten Sie beachten? Kreuzen Sie an.

1 einen eindeutigen Betreff	○	4 korrekte Rechtschreibung	○
2 korrekte Anrede und Grußformel	○	5 umgangssprachliche Wendungen	○
3 blumige Formulierungen	○	6 das offizielle *Sie*	○

C3 Schreiben Sie eine E-Mail.

Sie sind: Baumaschinenhersteller Gudang Garang, Jakarta, Indonesien

Sie schreiben an: Deutsch-Indonesische Industrie- und Handelskammer, Jakarta, Indonesien

Sie wollen: Zusammenarbeit mit deutschen Produzenten in Ihrem Bereich

Anfrage

Der *Firmennachweis* war erfolgreich, Sie haben einen möglichen Geschäftspartner gefunden. Sie müssen sich natürlich über deren Angebot sowie über deren Preise und Lieferbedingungen informieren. Sie richten also eine *allgemeine Anfrage* an dieses Unternehmen und bitten darin um die Informationen, die Sie nicht oder nicht ausreichend bereits im Internet recherchieren konnten.

Wenn Sie schon eine genaue Vorstellung haben, dann formulieren Sie eine *spezielle Anfrage*. Darin müssen Sie die gewünschte Ware präzise angeben (z. B. ihre Produktnummer) oder möglichst genau beschreiben. Bitte denken Sie daran: Je präziser Ihre Anfrage ausfällt, desto genauer kann das Angebot auch bezüglich der Preise und Zahlungsbedingungen sein. Unnötige Rückfragen lassen sich so am besten vermeiden.

1 Welche Informationen sind für eine *allgemeine Anfrage* relevant?
Kreuzen Sie die vier richtigen Punkte an.

1 ◯ Muster
2 ◯ Kataloge
3 ◯ Firmenchronik

4 ◯ Zahl der Mitarbeiter
5 ◯ durch einen Vertreterbesuch gegebene Infos
6 ◯ allgemeine Liefer- und Zahlungsbedingungen

2 Welche Information ist für eine *spezielle Anfrage* relevant?
Kreuzen Sie die drei richtigen Punkte an.

1 ◯ Art
2 ◯ Menge

3 ◯ Umsatz
4 ◯ Qualität

5 ◯ Name des Entwicklers
6 ◯ Werbemaßnahmen

3 Haben Sie schon einmal beruflich oder privat eine Anfrage an ein Unternehmen gerichtet?
Haben Sie die gewünschten Informationen bekommen? Gab es Schwierigkeiten?
Sprechen Sie zu zweit und berichten Sie über Ihre Erfahrungen im Kurs.

BÄRENBRÄU AG

Bärenbräu AG · Gelbe Gasse 15 · 4020 Linz

Xaver Ertl GmbH
Drygalskiallee 118
81477 MÜNCHEN
DEUTSCHLAND

Anfrage Etiketten   26.03.20..

Sehr geehrte Damen und Herren,

Ihre Adresse teilte uns die Industrie- und Handelskammer für München und Oberbayern mit.
Wir sind eine mittelständische österreichische Brauerei und suchen für unser geplantes neues
Weißbier „Linzer Weiße hefetrüb" einen Etikettenlieferanten. Unser geschätzter Jahresbedarf
liegt bei ca. 100.000 Stück.
Bitte senden Sie uns so bald wie möglich ein unverbindliches Angebot mit Mustern Ihrer
Etiketten zu. Außerdem benötigen wir ausführliche Angaben über Lieferzeiten, Preise, Liefer-
und Zahlungsbedingungen.
Zur Klärung weiterer Details stehe ich Ihnen gern telefonisch zur Verfügung.

Mit freundlichen Grüßen
Bärenbräu AG

i. V. *Albert Haushofer*
Albert Haushofer

Bärenbräu AG
Gelbe Gasse 15
4020 Linz
Telefon 073269 86-32
Telefax 0732 69 86-54
www.baerenbraeu.at
E-Mail: haushofer@baerenbraeu.at
Besuchen Sie uns auf Facebook

An:	info@theodorbergmann.com
Betreff:	Anfrage, Ref.-Nr. 641

Sehr geehrte Damen und Herren,
bitte schicken Sie uns ein unverbindliches Preisangebot für
1 Stück Gleitringdichtung M377N/15X3R
2 Stück dito M677 G56/20, Buka 16V
und teilen Sie uns die kürzeste Lieferzeit mit.
Vielen Dank im Voraus.
Mit freundlichen Grüßen
i. A. Dieter Schirm

■ STREIMEL ■

Gebr. Streimel GmbH & Co.
Maschinenfabrik Dortmund
Rheinlanddamm 207-209 · 44237 Dortmund
Postfach 1565 · 45667 Dortmund
Telefon 0049 (0) 231 88 09-23
Telefax 0049 (0) 231 88 09 56
Mail: d.schirm@streimel.com
Internet: www.streimel.com

A Formulierungstraining

A1 Was passt zusammen? Ordnen Sie zu.

1 Ihre Adresse teilte uns
2 Wir sind durch Ihre Homepage
3 Die IHK hat uns
4 Wir haben Ihre Anzeige
5 Wir beziehen uns
6 Wir interessieren uns
7 Wir sind an
8 Wir benötigen laufend
9 Bitte informieren Sie
10 Bitte nennen Sie uns
11 Wir brauchen auch Angaben
12 Bei guter Qualität können Sie
13 Bei guter Qualität sind wir gern

A für Ihre Baumaschinen.
B an Sie verwiesen.
C über Ihre Verkaufs- und Lieferbedingungen.
D mit größeren Aufträgen rechnen.
E die IHK mit.
F uns über Ihre Produkte.
G im „Handelsblatt" gelesen.
H zu weiteren Aufträgen bereit.
I Ihre Verkaufs- und Lieferbedingungen.
J Ihren Baumaschinen interessiert.
K Baumaschinen.
L auf Sie aufmerksam geworden.
M auf Ihre Anzeige im „Handwerker-Magazin".

A2 Ergänzen Sie.

aufgrund • ausführlichen • Empfehlung • expandierendes • für • Klärung • Lieferzeiten •
senden • so • Unternehmen • unverbindliches • Verfügung • vom • Voraus • wie

Sehr geehrte Damen und Herren,

wir kommen _____ (1) einer _____ (2) auf Sie zu.
Wir sind ein _____ (3) mittelständisches _____ (4)
im Gastronomiebereich und interessieren uns _____ (5) Ihre neue Registrierkasse _____ (6)
Typ VECTOR XT.
Bitte _____ (7) Sie uns _____ (8) bald _____ (9) möglich ein _____ (10)
Angebot für 20 Kassen dieses Typs zu mit _____ (11) Angaben über das Produkt
sowie über Preise, _____ (12) und Zahlungsbedingungen.
Für die _____ (13) weiterer Details
stehe ich gerne zur _____ (14).

Vielen Dank im _____ (15) und
mit freundlichen Grüßen

Adjektive und Partizipien wie *österreichisch, geplant* und *neu* müssen dekliniert werden, wenn sie vor einem Nomen stehen.

Adjektivdeklination Typ 1

Wenn das Artikelwort vor dem Adjektiv ein Kasus-Signal hat (*der, das, die, den, einen, meinem, ihrer, dieser, jeden, alle*), bekommt das Adjektiv die Endung *-e* oder *-en*.

	maskulin	neutral	feminin	Plural
	der Tee	*das Wasser*	*die Schokolade*	*die Produkte*
Nominativ	*der grüne*	*das klare*	*die süße*	*die neuen*
Akkusativ	*den grünen*	*das klare*	*die süße*	*die neuen*
Dativ	*dem grünen*	*dem klaren*	*der süßen*	*den neuen*
Genitiv	*des grünen*	*des klaren*	*der süßen*	*der neuen*

Das *ein* bei Maskulin Singular Nominativ und bei Neutrum Singular Nominativ und Akkusativ trägt kein Kasussignal. Das Adjektiv wird wie Typ 2 dekliniert.

Adjektivdeklination Typ 2 siehe Kapitel 3, Seite 22.

B1 **Unterstreichen Sie die Kasus-Signale am Artikelwort und ergänzen Sie die Adjektiv-Endung.**

1 der italienisch_____ Schinken

2 das griechisch_____ Obst

3 die österreichisch_____ Marmelade

4 diese französisch_____ Weine

5 jedes deutsch_____ Brot

6 die holländisch_____ Tulpen

7 alle gut_____ Ideen

8 keine neu_____ Produkte

9 für diesen brasilianisch_____ Kaffee

10 von allen indisch_____ Teesorten

11 zu diesem chinesisch_____ Porzellan

12 mit den aktuell_____ Informationen

13 trotz des schlecht_____ Wetters

14 wegen der positiv_____ Wettervorhersage

15 ohne eine warm_____ Jacke

16 aber mit einem groß_____ Regenschirm

B2 **Ergänzen Sie die Adjektivendungen.**

Sehr geehrte Damen und Herren,
wir beziehen uns auf Ihre aktuell__ (1) Anzeige für Korkenzieher in der letzt_____ (2) Ausgabe der Zeitschrift „Gourmet".
Wir sind ein französisches Unternehmen, das mit exklusiven Weinen handelt. Unserem langjährig_____ (3) Kundenkreis möchten wir Zusatzprodukte anbieten, die für den wirklich_____ (4) Weinkenner attraktiv sind. Aus diesem Grund sind wir an Ihren hochwertig_____ (5) Korkenziehern interessiert. Bitte senden Sie uns ein unverbindliches Angebot mit Ihren aktuell_____ (6) Verkaufs- und Lieferbedingungen zu.
Mit freundlichen Grüßen

Genus der Nomen

Einige Endungen erleichtern es Ihnen, das Genus des Nomens zu bestimmen.

maskulin	-er	der Kugelschreiber, -	-or	der Kompressor, -en
	-ling	der Lehrling, -e	-ant	der Fabrikant, -en
	-en	der Wagen, -	-ist	der Optimist, -en

Auch maskulin: Nomen ohne Endung, die vom Verb abgeleitet sind, z. B.: *fallen → der Fall, ¨e*

neutral	-um	das Datum, Daten	-at	das Sekretariat, -e
	-ment	das Sortiment, -e	-o	das Radio, -s
	-nis*	das Verzeichnis, -se		

Auch neutral: Infinitiv als Nomen, z. B.: *das Produzieren*

feminin	-in	die Mitarbeiterin, -nen	-e**	die Anfrage, -n
	-ung	die Bedingung, -en	-ei	die Brauerei, -en
	-heit	die Gelegenheit, -en	-ie	die Kopie, -n
	-keit	die Fähigkeit, -en	-ion	die Information, -en
	-schaft	die Gesellschaft, -en	-ität	die Qualität, -en

* aber: *die Kenntnis, -se; die Erlaubnis, -se*
** aber: *der Käse, das Ende, das Interesse*; außerdem: *der Franzose, der Kunde, der Name* (n-Deklination siehe S. 54)

B3 **Unterstreichen Sie die Endungen und ergänzen Sie den bestimmten Artikel.**

1 _____ Ereignis
2 _____ Druckerei
3 _____ Rückfrage
4 _____ Manager
5 _____ Spedition
6 _____ Maschine
7 _____ Forum
8 _____ Hersteller
9 _____ Molkerei
10 _____ Formulierung

11 _____ Porto
12 _____ Verpackung
13 _____ Kopierer
14 _____ Rechnung
15 _____ Woche
16 _____ Leistung
17 _____ Motor
18 _____ Wirtschaft
19 _____ Anzeige
20 _____ Spezialist

B4 **Sortieren Sie die Nomen.**

Anbieter • Bestellung • Element • Faktor • Format • Gewerkschaft •
Industrie • Konto • Laden • Lieferant • Erzeugnis •
Plakat • Schwierigkeit • Vertreter • Ware • Zentrum

der	das	die

B5 Ergänzen Sie, wenn nötig, die Endungen.

Sehr geehrte Damen und Herren,
wir beziehen uns auf Ihr__ (1) Anzeige auf Ihr____ (2) Homepage. Sie inserieren dort
mobile Verkaufshallen in d____ (3) Rasterbreite von 10 bis 40 m und mit ein____ (4)
Seitenhöhe bis zu 8 m. Dies____ (5) Fabrikat braucht kein__ (6) eigenes Betonfunda-
ment. Da wir ein__ (7) große Sonderausstellung planen, benötigen wir ein__ (8)
repräsentative Halle, in d____ (9) wir unser__ (10) neues Erzeugnis d____ (11)
Öffentlichkeit vorstellen können. Bitte senden Sie uns ein Angebot mit Ihr____ (12)
Liefer- und Zahlungsbedingungen.
Vielen Dank!
Mit freundlichen Grüßen

B6 Ergänzen Sie die Endungen der Artikel und Adjektive.

1 Wir haben Ihr____ neu____ Adresse von der Deutsch-Slowakischen Handelskammer bekommen.

2 Wir sind d____ größt____ Unternehmen in dies____ expandierend____ Bereich.

3 Mit unser____ innovativ____ Produkten hatten wir auf d____ letzt____ Messe großen Erfolg.

4 D____ entscheidend____ Faktor für unseren Erfolg ist d____ fantastisch____ Engagement unserer
Mitarbeiter.

5 Für eine Zusammenarbeit sehen wir verschiedene Möglichkeiten: Ein____ projektbezogen____
Kooperation, aber auch ein____ finanziell____ Beteiligung an unser____ leistungsfähig____
Unternehmen wäre denkbar.

6 Sie sind interessiert und wünschen detailliertere Informationen? –
Dann besuchen Sie doch d____ neu____ Website unserer Firma.

C Schreibtraining

Wichtig
- Schreiben Sie, wie Sie auf den möglichen Geschäftspartner gekommen sind.
- Teilen Sie mit, wer Sie sind und warum Sie anfragen.
- Beschreiben Sie – kurz oder ausführlich – die gewünschte Ware.
- Bitten Sie um Kataloge, Muster sowie Angaben über Lieferzeiten, Zahlungs- und Lieferbedingungen.
- Geben Sie eventuell Referenzen an.
- Weisen Sie auf die Möglichkeit einer längerfristigen Zusammenarbeit hin.
- Formulieren Sie eine informative, aber kurze Betreffzeile.

C1 Schreiben Sie eine E-Mail.

Sie sind:	Rollstuhlhersteller Compostelli, Mailand
Sie schreiben an:	Gummiwerke Pelikan, Hamburg
Sie wollen:	Reifen für ein neues Rollstuhlmodell

Angebot

Ihre Firma hat eine *Anfrage* bekommen. Sie reagieren darauf mit einem *Angebot* – und zwar auf eine *allgemeine Anfrage* mit einem Schreiben, in dem Sie

- sich für das Interesse bedanken
- in der Anlage die gewünschten Preislisten, Kataloge und Geschäftsbedingungen übersenden bzw. mitteilen, dass Sie für die Anfertigung des *Angebots* noch etwas Zeit benötigen.

Schwieriger wird es, wenn Sie auf eine *spezielle Anfrage* reagieren. Dann müssen Sie auf alle Fragen so genau wie möglich eingehen.

Das *Angebot* ist nach deutschem Recht grundsätzlich verbindlich – wenn es von jemandem unterschrieben wurde, der dazu berechtigt ist. Das sollten Sie stets im Auge behalten: So wie Sie angeboten haben, so müssen Sie auch liefern. Sie können diese Verbindlichkeit aber auch einschränken; dann geben Sie ein *zeitlich befristetes Angebot* ab oder ein *freibleibendes* bzw. *unverbindliches Angebot* – mit Formulierungen wie z. B. *Angebot gültig bis …*, *Preisänderungen vorbehalten*, *solange Vorrat reicht*, *Zwischenverkauf vorbehalten* etc.

1 **Was muss ein vollständiges Angebot enthalten? Kreuzen Sie die fünf richtigen Punkte an.**

1 ○ Ware (Art, Menge, Größe, Farbe, Qualität)
2 ○ Preis
3 ○ Lieferzeit
4 ○ Kundenreaktion
5 ○ Produktnummer
6 ○ Liste der für den Einkauf zuständigen Personen
7 ○ Geschäftsbedingungen (oft ein Verweis auf die Allgemeinen Geschäftsbedingungen)

2 **Hatten Sie in Ihrer Firma schon einmal Probleme mit einem Angebot, das Sie gemacht haben oder das Sie bekommen haben? Sprechen Sie zu zweit und berichten Sie dann im Kurs.**

Textbeispiele

THOMPSON MOTORKOMPONENTEN GmbH & Co. KG

Zieglerstraße 16   52078 Aachen   Telefon 0241 3143-0   Fax 0241 3143-350
Postfach 642   52075 Aachen   E-Mail: www.thomoko.de

Thompson Motorkomponenten GmbH & Co. KG, Postfach 642, 52075 Aachen

Lester AG
Abteilung Einkauf
Herrn Rowe
Heerenstr. 3
8427 RORBAS
SCHWEIZ

17.04.20..

Ihre Anfrage vom 13.04.20..

Sehr geehrter Herr Rowe,

mit Bezug auf Ihr Gespräch am 14.04. mit unserem Mitarbeiter, Herrn Lehmann,
bieten wir Ihnen an:

60 Thompson-Kolben SPC 1.300
zum Preis von EUR ... pro Stück ab Werk

60 Thompson-Leichtmetallzylinder XRQ 8.9334
zum Preis von EUR ... pro Stück ab Werk

Die genannten Stückpreise sind Nettowerte zuzüglich Verpackung (3 %) und 0,2 %
Versicherungssteuer, gültig bis zum 31.12.20..
Der Kaufpreis ist innerhalb von 30 Tagen nach Rechnungsdatum ohne Abzug fällig.
Auf alle Teile geben wir sechs Monate Garantie. Die Lieferzeit beträgt vier Wochen.
Es gelten die allgemeinen Lieferbedingungen für Leistungen und Erzeugnisse der
Metallindustrie.
Wir bedanken uns für Ihr Interesse.

Mit freundlichen Grüßen
Thompson Motorkomponenten GmbH & Co. KG

J. Rörlich

J. Rörlich
Manager Gussteile

UST(VAT)-ID-Nr. DE 136 113 547 · Konto DE78 4308 1490 2658 7369 38, BIC ACHYDEACXXX
Amtsgericht Aachen HRB 5603 · Persönlich haftender Gesellschafter: Egon Kranz · Geschäftsführer: Michael Meyerbeer

DOPS Messtechnik GmbH

Postfach 80 00 07
80806 München

Internet: www.dops-messtechnik.com
E-mail: info@dops-messtechnik.com

Muthmannstraße 69
80939 München
Tel. 089 311 11-0
Fax 089 311 11-17

DOPS Messtechnik GmbH • Postfach 80 00 07 • 80806 München

Heinrich Lasch GmbH
Herrn Klein
Friedrich-Ebert-Str. 3–5
68186 Mannheim

Datum: 16.04.20..

Angebot

Sehr geehrter Herr Klein,

wunschgemäß bieten wir Ihnen an:

– Spannungsmessgerät ALPHA 141028 EUR 147, 00
– Akkumulator AS 170628 EUR 773, 00
– Messgerät OPTICA 220155 EUR 695,00

Alle Preise sind Nettopreise und verstehen sich ab Werk zuzüglich
Mehrwertsteuer und Verpackung.

Lieferzeit: ca. 3 Wochen nach Auftragseingang
Zahlung: netto innerhalb von 30 Tagen
Unser Angebot ist gültig bis: 31.07.20..

Über einen Auftrag von Ihnen würden wir uns sehr freuen.
Sollten Sie noch Fragen haben, zögern Sie bitte nicht,
mich unter 089 31111-23 anzurufen oder mir eine E-Mail
zu schicken.

Mit freundlichen Grüßen
DOPS Messtechnik GmbH

D. Weise

Dieter Weise
dieter.weise@dops-messtechnik.com

A Formulierungstraining

A1 **Welche Sätze haben eine ähnliche Bedeutung? Ordnen Sie zu.**

1 Vielen Dank für Ihr Schreiben.

2 Unsere Preise gelten ab Werk.

3 Unser Angebot gilt bis Ende des Jahres.

4 Der Kaufpreis ist innerhalb 2 Wochen ohne Abzug fällig.

5 Wir liefern gegen Vorauszahlung.

6 Die Lieferzeit beträgt 8 Wochen.

7 Das Angebot ist unverbindlich.

A Unser Angebot ist freibleibend.

B Zahlung binnen 14 Tagen netto.

C Die Preise verstehen sich ab Werk.

D Wir halten unser Angebot bis Jahresende offen.

E Wir danken Ihnen für Ihre Anfrage.

F Lieferzeit: ca. 2 Monate nach Auftragseingang.

G Lieferung der Ware gegen Vorauskasse.

A2 **Ordnen Sie die deutschen Ausdrücke zu.**

Ab Werk • Frachtfrei • Frachtfrei versichert • Frei an Bord • Frei Frachtführer • Frei Längsseite Seeschiff • Geliefert benannter Ort • Geliefert Terminal • Geliefert verzollt • Kosten und Fracht • Kosten, Versicherung und Fracht

1 Ex works (EXW) _____

2 Free carrier (FCA) _____

3 Free alongside ship (FAS) _____

4 Free on board (FOB) _____

5 Cost and freight (CFR) _____

6 Cost, insurance and freight (CIF) _____

7 Carriage paid to (CPT) _____

8 Carriage and insurance paid to (CIP) _____

9 Delivered at terminal (DAT) _____

10 Delivered at place (DAP) _____

11 Delivered duty paid (DDP) _____

A3 **Ergänzen Sie.**

begleichen • bestellen • Bestellung • erhalten • frei Haus • gefreut • gewünschte • innerhalb von • ohne Abzug • liefern • Lieferung • Mengenrabatt • pro Stück • Nettopreis einschließlich • Skonto

[...] vielen Dank für Ihre Anfrage. Über Ihr Interesse an unseren Gläsern haben wir uns sehr

_____ (1). Mit diesem Brief _____ (2) Sie unseren neuesten Katalog und natürlich

das _____ (3) Angebot:

Bestell-Nr. 681: Champagner-Glas; Preis EUR 34,90 _____ (4)

Dies ist der _____ (5) Verpackung. Wenn Sie die Rechnung inner-

halb von 8 Tagen _____ (6), können Sie 3 % _____ (7) abziehen. Sie können aber

auch _____ (8) 30 Tagen _____ (9) bezahlen. Wir gewähren Ihnen einen

_____ (10) von 5 %, wenn Sie von dem Artikel mindestens 20 Stück _____ (11).

Wir können Ihnen diese Gläser bis Ende des Monats _____ (12). Sie erhalten die Ware

_____ (13) durch unseren Versand-Service.

Wir freuen uns auf Ihre _____ (14) und sind sicher, dass Sie mit unserer _____ (15)

zufrieden sein werden.

Bringen Sie die Textteile in die richtige Reihenfolge.

_____ A   Die Lieferzeit beträgt momentan 3 bis 5 Wochen.

_____ B   wir danken Ihnen für Ihre Anfrage

_____ C   Sehr geehrte Damen und Herren,

_____ D   Unsere Preise verstehen sich FOB deutscher Hafen oder Flughafen, einschließlich Verpackung.

_____ E   je 1000 T-Shirts, Farbe weiß, kurzärmelig, mit Brusttasche, in den Größen S, M, L und XL

_____ F   Über einen baldigen Auftrag von Ihnen würden wir uns freuen.

_____ G   und können Ihnen wie folgt anbieten:

_____ H   Dieses Angebot gilt bis 15.06.20..

_____ I   zum Preis von EUR 4,70 Euro pro Stück.

A5 **Schreiben Sie den Brief aus A4 noch einmal selbst. Variieren Sie mit den Ausdrücken aus A1.**

Sehr geehrte Damen und Herren,
wir danken Ihnen ...

B   Grammatik

Adjektivdeklination Typ 2

Wenn das Artikelwort vor dem Adjektiv kein Kasus-Signal hat (*ein, mein, kein* ..) oder wenn vor dem Adjektiv kein Artikel steht, bekommt das Adjektiv das Kasus-Signal (= die Endung des bestimmten Artikels).

	maskulin	neutral	feminin	Plural
	Tee	*Wasser*	*Schokolade*	*Produkte*
Nominativ	*grüner*	*klares*	*süße*	*neue*
Akkusativ	*grünen*	*klares*	*süße*	*neue*
Dativ	*grünem*	*klarem*	*süßer*	*neuen*
Genitiv	*grün**en*** Tees*	*klar**en*** Wassers*	*süßer*	*neuer*

* Ausnahmen: Genitiv Singular maskulin und neutral: Das Adjektiv bekommt die Endung *-en*.
  Hier hat das Nomen das Kasus-Signal.

Bitte achten Sie auf folgende Besonderheiten:

*Das Produkt ist teuer. Das ist ein teu**r**es Produkt.*

*Das Zimmer ist dunkel. Das ist ein dunk**l**es Zimmer.*

*Der Preis ist hoch. Das ist ein ho**h**er Preis.*

B1 **Welches Artikelwort hat ein Kasus-Signal? Kreuzen Sie an.**

1 der ◯	7 einem ◯	13 mein ◯
2 keinen ◯	8 kein ◯	14 keine ◯
3 dein ◯	9 ihren ◯	15 seinen ◯
4 den ◯	10 keinem ◯	16 unser ◯
5 Ihre ◯	11 Ihr ◯	17 unseren ◯
6 ein ◯	12 einen ◯	18 sein ◯

B2 Ergänzen Sie die Adjektivendungen.

1 ein mittelständisch____ Unternehmen
2 ein interessiert___ Kunde
3 ein unverbindlich____ Angebot
4 ein groß___ Auftrag
5 unser einmalig___ Rabatt

6 mit groß_____ Erfolg
7 bei gut___ Qualität
8 mit weiter____ Aufträgen
9 von neu____ Interessenten
10 ohne weiter__ Probleme

B3 Markieren Sie das Kasus-Signal am Artikelwort oder Adjektiv.

1 ein gut<u>er</u> Vorschlag
2 dieser gute Kunde
3 für das nächste Treffen
4 ohne ihr neues Auto
5 nach unserem letzten Gespräch

6 bei echtem Interesse
7 für ähnliche Projekte
8 eine kompetente Beratung
9 über seinen letzten Besuch
10 mit freundlichen Grüßen

B4 Markieren Sie die richtige Adjektivendung.

Sehr geehrt ◯ e ◯ en (1) Damen und Herren,

viel ◯ e ◯ en (2) Dank für Ihre Anfrage. Wir freuen uns über Ihr Interesse an unserem neu ◯ e ◯ en (3) Kommunikationssystem. Wir bieten Ihnen ein flexibl ◯ e ◯ es (4) Bausteinprinzip mit modernst ◯ er ◯ en (5) Infrastruktur. Mit diesem Schreiben erhalten Sie unseren aktuell ◯ er ◯ en (6) Katalog mit genau ◯ e ◯ er (7) Beschreibung der vielfältig ◯ e ◯ en (8) Möglichkeiten unseres Kommunikationssystems, das für jedes aktiv ◯ es ◯ e (9) Unternehmen die passend ◯ e ◯ en (10) Lösung bietet.

Die geltend ◯ e ◯ en (11) Preise und unsere genau ◯ e ◯ en (12) Liefer- und Zahlungsbedingungen entnehmen Sie bitte dem beiliegend ◯ er ◯ en (13) Katalog.

Wir freuen uns auf eine effektiv ◯ e ◯ er (14) Zusammenarbeit.

Mit freundlich ◯ e ◯ en (15) Grüßen

Wortbildung: Fugenelement -s-

Im Deutschen werden oft zwei Nomen miteinander kombiniert. Das zweite Nomen bestimmt dann den Artikel des ganzen Kompositums:

*das Stück + **der** Preis → **der** Stückpreis*　　　*der Preis + **die** Liste → **die** Preisliste*

*die Produktion + **das** Programm → **das** Produktionsprogramm*

Häufig werden das erste und das zweite Nomen einfach zusammengeschrieben *(der Stückpreis, die Preisliste)*. Manchmal tritt – wie im Wort *Produktionsprogramm* – zwischen den ersten und den zweiten Teil des Kompositums ein Fugenelement, wie hier das *-s-*.

Das Fugenelement *-s-* steht

* nach den Nachsilben

-ung:	*Zahlungsbedingungen*	-keit:	*Öffentlichkeitsarbeit*	-ität:	*Liquiditätsproblem*
-ion:	*Diskussionsergebnis*	-um:	*Plenumsbeschluss*	-tum:	*Eigentumsordnung*
-heit:	*Gelegenheitsjob*	-schaft:	*Gewerkschaftstreffen*	-ling:	*Lehrlingsfragen*
-är:	*Aktionärsanteil*				

* nach einem Infinitiv als Nomen

   das Leben + die Weise → die Lebensweise

* häufig nach einem maskulinen oder neutralen Nomen mit *Ge-*

   der Gebrauch + die Anweisung → die Gebrauchsanweisung

   das Geschäft + die Bedingung → die Geschäftsbedingung

* oft nach dem Nomen *Arbeit**

   die Arbeit + die Zeit → die Arbeitszeit

* aber: *Arbeitgeber, Arbeitnehmer*

B5　**Verbinden Sie die folgenden Nomen mit -s- oder ohne Fugenelement.**

1　die Verpackung + das Material　_____

2　der Preis + der Vergleich　_____

3　die Information + der Austausch　_____

4　die Fabrik + das Gelände　_____

5　das Gehalt + die Erhöhung　_____

6　die Wirtschaft + das Wachstum　_____

7　die Schwierigkeit + der Grad　_____

8　die Arbeit + der Platz　_____

9　der Mehrwert + die Steuer　_____

Kommaregeln

Ein Komma steht

- nach der Ortsangabe im Brief: *Trier, den 03.06.20..*
- nach der Anrede im Brief: *Sehr geehrte Damen und Herren,* (danach Kleinschreibung!)
- zwischen Haupt- und Nebensatz: *Sie können 2 % Skonto abziehen, wenn Sie die Rechnung ...*
- bei Aufzählungen, die ohne *und* verbunden sind: *... in den Farben Weiß, Schwarz, Rot und Blau.*

Kein Komma steht vor *und* und *oder*:
Dieses Angebot ist 2 Monate gültig und wir legen Ihnen einen Gutschein über EUR 10,00 bei.
Herr Petersen ruft Sie morgen an oder kommt persönlich vorbei.

Ein Komma kann stehen beim erweiterten Infinitiv mit *zu*: *Wir sind in der Lage(,) dieses Problem schnell zu lösen.*

B6 **Setzen Sie die Kommas.**

Stuttgart den 12.08.20..

Sehr geehrte Damen und Herren

wir danken Ihnen für Ihre Anfrage vom 5.08.20.. Sie suchen eine repräsentative Halle da Sie eine Sonderausstellung Ihrer Brauereiprodukte planen.

Wir empfehlen Ihnen entweder eine große 40 m lange Halle oder zwei kleinere Hallen mit Durchgang.

Letztere haben den Vorteil dass Sie die Produktpräsentation auch räumlich gliedern können.

Wir möchten Sie noch darauf aufmerksam machen dass wir einen Miet- und Leasing-Service entwickelt haben um flexibel und preiswert auf die Wünsche unserer Kunden reagieren zu können. Die Kosten für Bauteile Lieferung und Aufbau der Hallen entnehmen Sie bitte dem beiliegenden Katalog in dem Sie auch unsere geltenden Liefer- und Zahlungsbedingungen finden.

Über einen baldigen Auftrag von Ihnen würden wir uns freuen.

C   Schreibtraining

Wichtig

- Beziehen Sie sich kurz auf die Anfrage.
- Beantworten Sie präzise alle gestellten Fragen.
- Geben Sie alle Informationen, die der Kunde für eine schnelle Bestellung ohne Rückfragen braucht.
- Vergessen Sie nicht den Hinweis auf ein möglicherweise noch günstigeres Angebot; der Kunde soll wissen, dass er den Preis beeinflussen kann.
- Drücken Sie Ihre Hoffnung auf einen baldigen Auftrag aus.

C1 **Schreiben Sie eine E-Mail.**

Sie sind:	Polstermöbelfabrik Boneschi, Neapel, Italien
Sie schreiben an:	Schlafzimmer Raimund, München, Deutschland
Sie bieten an:	Doppelbett „Gigolo" (200 × 180 cm, EUR 199,00)
Liefer- und Zahlungsbedingungen:	innerhalb von 30 Tagen ohne Abzug, 5 % Mengenrabatt ab 10 Betten, Lieferung frei Haus, Lieferzeit 8 Wochen, Angebot 4 Wochen gültig.

Werbebrief

Der *Werbebrief* ist eine Form der Direktwerbung, um das Interesse für Ihre Firma und Ihre Produkte zu wecken. Ein *Werbebrief* ist kein Angebot, sondern nur eine unverbindliche Einladung an potenzielle Kunden, Ihre Produkte zu kaufen. Deshalb: Verschicken Sie Ihre Werbung nicht ungefragt per E-Mail. Oft ärgern sich die Empfänger über diese elektronische Post und manche klagen sogar dagegen.

Es gibt zwei Hauptgründe für das Versenden eines *Werbebriefs*:

* Sie wollen in Ihrem Kundenkreis für ein Produkt werben.
* Sie wollen neue Kunden gewinnen.

1 Was sollten Sie bei einem *Werbebrief* beachten? Kreuzen Sie die vier richtigen Punkte an.

1 ◯ den Kunden möglichst persönlich ansprechen
2 ◯ auf die besonderen Merkmale Ihres Produkts hinweisen
3 ◯ die Nachteile des Vorgängerprodukts beschreiben
4 ◯ die Vorteile betonen, die das Produkt für die speziellen Bedürfnisse des Kunden hat
5 ◯ die Vorteile hervorheben, die das neue Produkt für Ihre Firma hat
6 ◯ das bessere Abschneiden Ihres Produkts im Vergleich zur Konkurrenz darstellen

2 Lesen Sie die beiden Statements zur Werbung und diskutieren Sie zu zweit über die Bedeutung. Welches Statement finden Sie passender? Warum? Berichten Sie dann im Kurs.

Lukian (120–180 n. Chr.), griechischsprachiger Satiriker: „Das Etikett soll nicht größer sein als der Sack.“
Henry Ford: „Wer aufhört zu werben, um Geld zu sparen, kann ebenso seine Uhr anhalten, um Zeit zu sparen.“

Textbeispiele

LABORGERÄTE HUBER

Postfach 234
74567 Schwechadingen
www.labhuber.com

Laborgeräte Huber · Postfach 234 · 74567 Schwechadingen

Fischer & Hofmeister GmbH
Muxelstraße 336
96049 Forchheim

Oktober 20..

Sehr geehrte Damen und Herren,

gerade in Zeiten des wirtschaftlichen Umbruchs ist es ökonomisch interessant, auf geprüfte, gebrauchte Analysengeräte zurückzugreifen. Bei gleicher Leistungsanforderung an die Geräte müssen Sie nur einen Bruchteil vom Neupreis investieren. Dadurch sparen Sie Kosten ein und haben Reserven frei für andere wichtige Investitionen.

Doch gebraucht ist nicht gebraucht! Unsere persönliche Garantie für Sie:
– Unsere Geräte sind komplett überholt.
– Sie befinden sich technisch und optisch in wirklich einwandfreiem Zustand.
– Wir sind bei allen Fragen persönlich für Sie erreichbar.

Werfen Sie jetzt einen Blick in unsere Prospektunterlagen.
Es wird sich für Sie lohnen.

Rufen Sie uns an!

S. Faust
s.faust@labhuber.com
LABORGERÄTEBÖRSE

Geschäftsführer
Dipl.-Ing. Wolfgang Kuster
Amtsgericht Forchheim
HRB 548 71386

Telefon 07474 9514-0
Telefax 07474 9514-44
E-Mail: info@labhuber.com

Volksbank Forchheim
IBAN DE34 6416 3225 1027 5900 06
BIC GENODEF1FOR
Kreissparkasse Burladingen
IBAN DE12 6535 1260 0093 4735 41
BIC BWLADES1BUR
Postbank Stuttgart
IBAN DE56 6001 0070 0253 9297 09
BIC PBNKDEFFS12

PS: Möchten Sie uns Ihre Analysengeräte anbieten, die Sie nicht mehr benötigen, so senden Sie uns die beigefügte Antwortkarte zurück, damit wir uns mit Ihnen in Verbindung setzen können.

advanced graphics software gmbh
Software Distribution, Marketing und Service

DOPS Messtechnik GmbH
Postfach 80 00 07
80806 München

Leonberg, 1. Oktober 20..

Neu von CADKEY – CADKEY DRAFTER speziell für die 3D-Konstruktion und das Technische Zeichnen

Liebe CAD-Interessenten, -Anwender und -Profis,

mit CADKEY DRAFTER wird auf der SYSTEMS das neueste Produkt aus dem Hause CADKEY vorgestellt. Professionelle Rechnerleistung ist heute für jeden potenziellen CAD- Anwender verfügbar. Jetzt gibt es mit CADKEY DRAFTER das professionelle Softwarepaket dazu.

CADKEY DRAFTER ist die preiswerte, leistungsstarke Alternative oder Ergänzung. Professionelle Leistungsstärke, leichteste Erlernbarkeit und Bedienung, Kompatibilität zu anderen Systemen und ein konkurrenzloser Preis wurden in CADKEY DRAFTER zu einem attraktiven Paket verbunden.

Überzeugen Sie sich selbst auf der SYSTEMS vom 18. bis 22. Oktober in München – oder nutzen Sie eines unserer Angebote.

Mit freundlichen Grüßen
AGS GmbH – Distributor für CADKEY

Siegfried Müller
Siegfried Müller

PS: Vorab erhalten Sie heute schon unseren Messesonderprospekt.

A Formulierungstraining

A1 Was passt zusammen? Ordnen Sie zu.

1 Lieber Gartenbesitzer	A Ihnen dabei helfen.
2 der Frühling	B berät Sie gern.
3 Sie haben sich sicher schon überlegt,	C über unsere günstigen Preise staunen.
4 Wir können	D und Pflanzenfreund,
5 Wir bieten Ihnen nicht nur	E werden grün vor Neid!
6 Wir führen auch alles,	F in unseren aktuellen Katalog.
7 Unser freundliches Fachpersonal	G und überzeugen sich persönlich.
8 Werfen Sie einen Blick	H was zur Pflanzenpflege und Gartengestaltung dazugehört.
9 Sie werden	I eine riesige Auswahl an Pflanzen an.
10 Oder kommen Sie einfach in eines unserer Geschäfte	J steht vor der Tür.
11 Wir versprechen Ihnen schon jetzt: Ihre Nachbarn	K wie Sie Ihren Garten verschönern wollen.

A2 Ergänzen Sie.

bis • dabei sein • endlich • Erfüllen • geht • Gewinnchance • glückliche • Glückspilz • höchste • nämlich • Schritt • steuerfrei • über • wünscht

Sehr geehrter Herr Vogel,

Sie sind schon ein _____ (1)! Wir haben _____ (2) extra für Sie eine Losnummer reserviert. Bei der 96. Ausspielung der Oberschwäbischen Klassenlotterie sollten Sie wirklich _____ (3). Denn mit _____ (4) EUR 350 Millionen und 40,1 % _____ (5) hat die OSCHKL weltweit die _____ (6) Gewinnausschüttung aller Klassenlotterien. Jeden Freitag _____ (7) es um Millionen, Woche für Woche! Aber sehen Sie selbst: 1 x EUR 5 Millionen, 26 x EUR 1 Million, 27 x EUR 500.000, 260 x EUR 50.000 sowie über 600.000 Gewinne _____ (8) zu EUR 40.000. Und alles _____ (9)! Machen Sie den ersten _____ (10) in eine _____ (11) und sorgenfreie Zukunft. _____ (12) Sie sich _____ (13) Ihre Wünsche!

Viel Glück _____ (14) Ihnen
Ihr staatlicher Lotterie-Einnehmer
Dr. Richard Schräuble

B Grammatik

Trennbare und untrennbare Verben

Trennbare Vorsilben sind:

ab-	abbiegen	ein-	einladen	um-*	umdrehen
an-	anrufen	mit-	mitkommen	vor-	vornehmen
auf-	aufhören	nach-	nachdenken	weiter-	weiterbilden
aus-	ausmachen	über-*	überfließen	zu-	zubereiten
durch-*	durcharbeiten	unter-*	untergehen	zurück-	zurückfordern

* aber: untrennbar sind z. B. *durchqueren, überarbeiten, übernachten, übersetzen* (Text), *überzeugen, unterschreiben, unterscheiden, unternehmen.*

Bei den trennbaren Verben steht das *zu* (Infinitiv mit *zu*) und das *-ge-* (Perfekt) zwischen Vorsilbe und Grundverb: *abzubiegen, angerufen* ...

Untrennbare Vorsilben sind:

be-	begleiten	er-	erkennen	ver-	verhandeln
ent-	entfernen	ge-	gehören	zer-	zerstören

Im Infinitiv liegt der Akzent bei den trennbaren Verben immer auf der Vorsilbe (*anrufen*), bei den untrennbaren auf dem Grundwort (*verhandeln*).

B1 Ein einfaches Verb kann mit verschiedenen Vorsilben verbunden sein, z. B. *arbeiten*.
Lesen Sie die Verben laut und markieren Sie die betonte Silbe. Kreuzen Sie an:
Welche Verben sind trennbar?

1 ◯ durcharbeiten   2 ◯ ausarbeiten   3 ◯ bearbeiten   4 ◯ mitarbeiten
5 ◯ überarbeiten   6 ◯ verarbeiten   7 ◯ zusammenarbeiten   8 ◯ nacharbeiten

Die Aufgaben einer Marketing-Assistentin. Formulieren Sie Sätze im Präsens.

1 nächste Veranstaltung / vorbereiten *Sie bereitet die nächste Veranstaltung vor.*
2 Kunden / beraten _____
3 Telefonate / annehmen _____
4 neue Werbekampagne / entwerfen _____
5 Texte der Kollegen / durchlesen _____
6 letzten Entwürfe / sich ansehen _____
7 alle Angebote / vergleichen _____
8 Chef / überzeugen _____
9 ihr Urlaubsantrag / einreichen _____

Setzen Sie die Verben aus B1 in der richtigen Form ein.

Liebe Anna,

heute ist der erste Tag nach meinem China-Urlaub und hier ist der
Teufel los! Auf meinem Schreibtisch türmen sich Berge von Papieren,
die ich _____ (1) sollte, aber der Auftraggeber Fucci
hat natürlich Priorität: Den Werbetext für die Fucci-Handtaschen
_____ (2) wir jetzt schon zum fünften Mal, aber der
Chef ist immer noch nicht zufrieden. Die Firma _____ (3)
nur das feinste Leder für diese Taschen und das soll locker und
witzig im Text deutlich werden!!! Bei der französischen Version
_____ zum Glück Frau Bovary _____ (4), weil sie den Markt
in Frankreich sehr gut kennt. Und sie hat auch viel Humor, mit ihr
_____ (5) ist wirklich ein Vergnügen!
Dann muss ich heute auch noch unbedingt den Plan für das nächste Quartal in allen Einzelheiten
_____ (6), sonst muss ich morgen bis spät in die Nacht hier bleiben und
_____ (7) – und das will ich auf keinen Fall, denn morgen Abend treffe ich
mich mit Max.

Tschüs und bis bald!
Deine Tanja

PS: Du musst Dir unbedingt auch meine anderen Fotos aus China anschauen! Ich werde einige
allerdings noch mit dem Fotoprogramm _____ (8), bevor ich sie Dir zeige.

Bildung des Partizips II

	regelmäßige Verben	unregelmäßige Verben
trennbare Verben	einkaufen → eingekauft	ankommen → angekommen
untrennbare Verben	verkaufen → verkauft	bekommen → bekommen

Die untrennbaren Verben und die Verben auf -ieren bilden das Partizip II ohne ge-.

Formulieren Sie die Sätze aus B2 im Perfekt.

1 Sie hat die nächste Veranstaltung vorbereitet.

B5 Ergänzen Sie das Partizip II der folgenden Verben.

bestellen • erledigen • erteilen • kontaktieren • nachdenken • stornieren • übernachten • unternehmen • verschieben

Hallo Jana,

ich bin heute nicht im Büro, denn auf der Messe ist es gestern sehr spät geworden deshalb habe ich gleich hier in Hannover _____ (1). Einige Sachen sind noch nicht _____ (2): Ich habe den Flug vom Chef nach New Delhi noch nicht _____ (3). Das muss ich noch machen, denn die Konferenz für Umwelttechnologien findet nicht statt. Dann habe ich das Meeting am Mittwoch noch nicht von 14 Uhr auf 15 Uhr _____ (4) und außerdem habe ich noch kein Catering für den Empfang am 6.12. _____ (5). Ich habe die Firma zwar schon _____ (6), aber noch keinen Auftrag _____ (7). Über die neue Werbekampagne für Aspro & Gabbani habe ich zwar schon _____ (8), aber noch nichts Konkretes _____ (9).

Jetzt weißt Du, was Du machen kannst, wenn Dir langweilig wird. ☺
Bis morgen!

Liebe Grüße
Simone

C Schreibtraining

Wichtig

- Vermeiden Sie den Eindruck, dass es sich um gewöhnliche Reklame handelt.
- Sprechen Sie den Kunden persönlich an.
- Wecken Sie sein Interesse.
- Versuchen Sie nicht den Kunden zu überreden, sondern überzeugen Sie ihn durch gute Argumente.
- Das beste Argument sind immer noch handfeste Vorteile für den Kunden.
- Schlagen Sie einen persönlichen Kontakt (Telefongespräch, Kundenbesuch) vor.

C1 Schreiben Sie Briefe.

Brief I

Sie sind:	Ikarus Direktversicherung
Sie schreiben an:	Studierende im ersten Semester
Sie wollen:	besonders günstige Autoversicherungen anbieten

Brief II

Sie sind:	Kaufhaus H & O
Sie schreiben an:	Hausfrauen
Sie wollen:	auf die neue Sommerkollektion auch in Übergrößen hinweisen

Nachfassbrief

Nicht jeder Kunde reagiert gleich auf Ihr erstes Angebot. Sie müssen dann *nachfassen*:
Sie bringen sich beim Kunden in Erinnerung, indem Sie Ihr Angebot nochmals präsentieren.
Entweder rufen Sie den Kunden an (vor allem nach einem verlangten Angebot) oder Sie
setzen sich schriftlich mit ihm in Verbindung.

Sie wollen natürlich erfahren, warum er nicht bestellt hat. Gerade weil der Kunde (noch)
kein Interesse an Ihrem Angebot hat, sollten Sie im *Nachfassbrief* jedoch alles vermeiden,
was aufdringlich wirken könnte.

1 **Was könnte ein Nachfassbrief enthalten, damit er ein Erfolg wird? Kreuzen Sie die fünf
richtigen Punkte an.**

1 ○ Gründe für die Nichtreaktion des Kunden, die Sie selbst vermuten.
2 ○ Eine Frist, innerhalb der der Kunde reagieren kann.
3 ○ Ein zusätzliches Argument, warum der Kunde doch noch und gerade bei Ihnen bestellen soll.
4 ○ Den Vorschlag zu einem Vertreterbesuch, damit der Kunde die Ware persönlich prüfen kann.
5 ○ Eine Sonderkondition.
6 ○ Die positive Resonanz auf Ihre Ware bei anderen Kunden.
7 ○ Die Aussicht auf ein Werbegeschenk nach Auftragserteilung.

2 **Haben Sie beruflich oder privat schon Werbebriefe bekommen, über die Sie sich geärgert
haben? Welcher Art waren diese Briefe und warum haben Sie sich geärgert? Sprechen Sie
zu zweit und berichten Sie im Kurs.**

Textbeispiele

Hueber

Hueber Verlag · Postfach 50 03 90 · 80973 München

Pling AG
Schulungszentrum
Herrn Dr. Albert Kühn
Postfach 72 72 27
54376 Trier

Hueber Verlag GmbH & Co KG
Herstellung
Baubergerstr. 30
80992 München
Telefon: +49 89 9602-0
Telefax: +49 89 9602-358
Internet: http://www.hueber.de
E-Mail: Graf@hueber.de

28.02.20..

Lehrwerk WIRTSCHAFTSROULETTE

Sehr geehrter Herr Dr. Kühn,

kurz vor Weihnachten haben wir Ihnen ein persönliches Exemplar von WIRTSCHAFTS-
ROULETTE zugeschickt – unserem neuen Lehrwerk für die Berufssprache Wirtschaft.

Sie konnten sich zwischenzeitlich sicherlich davon überzeugen, dass Konzeption, Inhalt
und Themen dieses Lehrwerks den Erfordernissen in den Kursen des Blink AG-Schulungs-
zentrums genau entsprechen.

Ihre Meinung interessiert uns sehr. Wir würden uns deshalb freuen, wenn Sie auf beiliegen-
dem Fragebogen ein kurzes Urteil über Ihren Gesamteindruck von WIRTSCHAFTSROULETTE
abgeben würden.

Als kleines Dankeschön für Ihre Unterstützung legen wir Ihnen ein Sprachposter mit
Szenen aus unterschiedlichen Wirtschaftsbereichen und Vorschlägen für die Verwendung
im Unterricht bei.

Mit freundlichen Grüßen

HUEBER VERLAG

Anita Graf

Lektorat Fachsprachen

Anlagen: Fragebogen,
Sprachposter

An: info@eagle-germany.com

Betreff: Giftfreie Holzlacke

Sehr geehrte Damen und Herren,
vor etwa einem Monat informierten wir die professionellen Anwender von
Holzlacken über unsere neue Holzlackserie Xylo-Safe. Wir sind damit auf
großes Interesse gestoßen. Zahlreiche Großanwender haben sich bereits für
unser Produkt entschieden – und damit auch für die Umwelt: Xylo-Safe erfüllt
schon heute alle gesetzlichen Auflagen von morgen.
Da versteht es sich fast von selbst, dass auch ständiges Arbeiten mit Xylo-Safe
für die Gesundheit absolut unschädlich ist. Wir möchten Ihnen gern helfen,
Ihre Produktion kostengünstig umzustellen.
In der nächsten Woche ist unser Beratungsingenieur, Herr Wurm, im Raum
Kassel unterwegs. Er könnte Sie dann besuchen und ausführlich über unsere
neue Holzlackserie informieren. Herr Wurm wird Sie in den nächsten Tagen
anrufen.
Mit freundlichen Grüßen
i. V. Peter Herzog

 Chemische Werke Hans Höhn

Van-der-Smissen-Straße 4 · 22676 Hamburg · www.hoehn.com

A Formulierungstraining

A1 **Welche Sätze haben eine ähnliche Bedeutung? Ordnen Sie zu.**

1 Vor einem Monat haben wir Sie über unsere neuen Produkte informiert.

2 Vielleicht haben Sie unter den Artikeln noch nicht das Richtige gefunden.

3 Wir können Ihnen heute ein ganz besonderes Angebot machen.

4 Wir bekommen ständig positive Rückmeldungen von unseren Kunden.

5 Vom 01.03. bis 31.05. gewähren wir Ihnen einen zusätzlichen Rabatt von 15 %.

6 Unser Fachberater besucht Sie gern.

7 Wir hoffen, bald von Ihnen zu hören.

A Darüber hinaus können Sie jetzt noch günstiger bei uns einkaufen.

B Das Echo war bislang äußerst positiv.

C Für ein persönliches Gespräch stehen wir Ihnen jederzeit zur Verfügung.

D Vor einiger Zeit haben wir Ihnen unseren neuen Prospekt zugeschickt.

E Am besten, Sie rufen einfach bei uns an.

F Möglicherweise sind Sie ja noch nicht fündig geworden …

G Wir haben uns etwas ganz Besonderes für Sie ausgedacht.

A2 **Nummerieren Sie die Satzteile in der richtigen Reihenfolge.**

[…] vor ca. acht Wochen haben wir Ihnen ein Angebot ◯ Wir nehmen an, dass Sie sich noch nicht entschließen konnten, ◯ über unsere Druckmaschinen gemacht. ◯ weil Sie die Neuerungen unseres Frühjahrsprogramms abwarten wollten. Nun, jetzt ist es so weit. Unseren Technikern ist es gelungen, ◯ Trotz dieses Fortschritts ◯ und den Wartungsaufwand weiter zu reduzieren. ◯ konnten wir die Preise stabil halten. ◯ die Druckgeschwindigkeit nochmals zu erhöhen ◯ eine ausführliche technische Beschreibung der neuen Modelle mit. ◯ Zur besseren Information schicken wir Ihnen

A3 **Ergänzen Sie.**

Eigenschaften • anzusehen • entschließen • Gerät • interessant • lässt • letzte • Messe • Rabatt • Sensation • Termins • über • vorbeikommen • wissen • Zufriedenheit • zugeschickt

Sehr geehrte Frau Asböck,

vor etwa sechs Wochen haben wir Ihnen ein Angebot _____ (1) unsere neuen 3D-Drucker
_____ (2). Möglicherweise hatten Sie noch keine Zeit, sich unser Angebot genauer
_____ (3). Oder war vielleicht unsere _____ (4) Lieferung nicht ganz zu Ihrer
_____ (5)? Sollte dies der Fall sein, lassen Sie uns das bitte _____ (6).
Ganz besonders _____ (7) ist unser neues Modell Fujikato NH-X 1000. Es _____ (8)
sich mit den meisten Computern der neuesten Generation kombinieren und war die _____ (9)
auf der letzten Elektronik-_____ (10) in Hannover.
Vielleicht darf unser Mitarbeiter, Herr Landmann, in den nächsten Tagen einmal bei Ihnen
_____ (11). Er kann Ihnen dann das _____ (12) mit all seinen revolutionären
_____ (13) vorführen. Kann er bei Ihnen wegen eines _____ (14) anrufen?
Wenn Sie sich bis Ende des Monats zu einer Bestellung _____ (15), können wir Ihnen
bei einer Bestellung ab 20 Stück einen _____ (16) von 10 % gewähren.

Viele Grüße aus Bremen.

Bildung des Perfekts

Das Perfekt wird mit *haben* oder *sein* und dem Partizip II gebildet.
Die meisten Verben bilden das Perfekt mit *haben*.

- Alle Verben, die ein Akkusativobjekt haben:

  *Vor einiger Zeit **haben** wir Ihnen unseren Prospekt **zugeschickt**.*

- Alle reflexiven Verben:

  *Vielleicht **haben** Sie sich unser Angebot noch nicht **angesehen**.*

Das Perfekt mit *sein* bilden

- Verben, die eine räumliche Veränderung bezeichnen:

  *Frau Mahler **ist** gestern zur Buchmesse nach Frankfurt **geflogen**.*

- Verben, die eine Zustandsveränderung bezeichnen:

  *Nach dem Tag auf der Messe **ist** sie abends schnell **eingeschlafen**.*

- sowie die Verben *sein, bleiben, werden, geschehen, gelingen, misslingen, passieren, vorkommen*.

B1 **Was ist richtig? Kreuzen Sie an.**

1 Frau Mahler ◯ ist ◯ hat um 11 Uhr am Frankfurter Flughafen
  angekommen.
2 Sie ◯ ist ◯ hat im Hotel eingecheckt und ◯ ist ◯ hat zum
  Mittagessen gegangen.
3 Danach ◯ ist ◯ hat sie einen kleinen Mittagsschlaf gehalten.
4 Nachmittags ◯ ist ◯ hat sie durch die ganze Stadt gewandert.
5 Dabei ◯ ist ◯ hat sie sich in der Innenstadt verlaufen.
6 Zuerst ◯ ist ◯ hat sie selbst versucht, den richtigen Weg zum Hotel zu finden.
7 Das ◯ ist ◯ hat ihr aber nicht gelungen, denn sie hatte ihr Handy nicht dabei.
8 Dann ◯ ist ◯ hat sie einen Passanten gefragt, der ihr aber auch nicht den richtigen Weg gezeigt
  ◯ ist ◯ hat.
9 Schließlich ◯ ist ◯ hat sie dann ein Taxi gerufen und ◯ ist ◯ hat zum Hotel zurückgefahren.

B2 **Ergänzen Sie die richtige Form von *haben* oder *sein*.**

▲ Gestern _____ (1) ich mich über die wichtigsten Neuerscheinungen
  informiert. Abends _____ (2) ich dann noch bei einem Autorentreffen gewesen.
  Da ____ (3) es ziemlich spät geworden. Und was _____ (4) du gemacht?
■ Ich _____ (5) mit vielen Autoren gesprochen und _____ (6) mit zwei
  von ihnen zum Essen gegangen. Deshalb _____ (7) ich mich auch beim
  Termin mit dem Chef von *Globus* verspätet. Ich _____ (8) einfach zu lange
  in dem Restaurant geblieben.
▲ Unsere Verhandlungen _____ (9) insgesamt ja gut verlaufen, einige
  Verträge _____ (10) wir sehr erfolgreich abgeschlossen. Also mach
  dir keine Sorgen, unser Chef _____ (11) sich bisher jedenfalls nicht
  beschwert.

Antworten Sie mit *schon / bereits* und dem Perfekt.

1 Wann rufen Sie Herrn Nehrut an? *Ich habe ihn schon/bereits angerufen.*

2 Wann beginnt die Konferenz? _____

_____

3 Wann schreiben Sie die Firma Explo an? _____

_____

4 Wann teilen Sie dem Kunden unsere Lieferbedingungen mit? _____

_____

5 Wann buchen Sie den Flug um? _____

_____

6 Wann kopieren Sie die Unterlagen? _____

7 Wann findet das Meeting statt? _____

8 Wann landet die Maschine vom Chef in Rom? _____

9 Wann meldet sich der neue Kunde? _____

10 Wann organisieren Sie die Konferenz? _____

_____

Perfekt oder Präteritum?

In der geschäftlichen Kommunikation verwendet man eher das Perfekt als das Präteritum, weil es moderner und lebendiger wirkt. Ausnahmen sind die Verben *haben* und *sein* sowie die Modalverben.

sein → war	können → konnte
haben → hatte	dürfen → durfte
	müssen → musste
	wollten → wollte
	sollen → sollte

B4 **Formulieren Sie die folgenden Sätze im Präteritum.**

1 Auf dem Firmengelände darf man nicht parken.

2 Weil Herr Maier bis Ende Mai krank ist, kann das Projekt nicht abgeschlossen werden.

3 Auf der Messe haben Firmen die Möglichkeit, ihre neuesten Erzeugnisse der Öffentlichkeit vorzustellen.

4 Herr Müller will sich mit seinen Geschäftspartnern treffen, um den Vertrag zu unterzeichnen.

5 Leider muss ich den Termin absagen, weil ich verhindert bin.

6 Unser Betriebsausflug nach Salzburg: Wer Interesse hat, kann nach dem Mittagessen das Schloss besichtigen.

7 Wir müssen den Kunden leider mitteilen, dass die bestellten Waren nicht lieferbar sind.

8 Frau Krause muss dringend nach Hamburg fahren. Sie ist deshalb den ganzen Tag nicht zu erreichen.

Temporalsätze: *wenn – als*

Die Temporalsätze antworten auf die Frage: *Wann?*

	einmalige Handlung
Zukunft	*Mein Kollege bearbeitet Ihre Anfrage, **wenn** er morgen ins Büro kommt.*
Vergangenheit	***Als** Andy gestern im Büro war, hat er dem Kunden auf die Anfrage geantwortet.*

	mehrmalige Handlung
Gegenwart/Zukunft	*Immer **wenn** Frau Mahler in Frankfurt ist, wohnt sie im Hotel Mirador.* ***Wenn** Frau Mahler in Frankfurt ist, wohnt sie immer …*
Vergangenheit	*Immer **wenn** Frau Mahler in Frankfurt war, hat sie im Hotel Mirador gewohnt.*

B5 Ergänzen Sie *wenn, immer wenn, wann* oder *als.*

1 _____ Frau Mahler kürzlich in Frankfurt war, hat sie auch
die EZB (Europäische Zentralbank) besucht.

2 _____ haben Sie Herrn Nehrut angerufen?

3 _____ ich gestern Herrn Nehrut sprechen wollte, war sein Telefon ständig besetzt.

4 Ich rufe Sie zurück, _____ ich hier fertig bin.

5 _____ können Sie uns den Vertrag zuschicken?

6 Frau Bovary war etwas nervös, _____ sie mit der deutschen Firma telefoniert hat.

7 _____ ich Deutsch spreche, konzentriere ich mich besonders auf die Aussprache.

C Schreibtraining

Wichtig

- Erinnern Sie den Kunden höflich an Ihr Angebot.
- Nennen Sie selbst mögliche Gründe für das Ausbleiben der Bestellung.
- Stellen Sie die besonderen Vorteile Ihrer Waren dar.
- Machen Sie dem Kunden ein Angebot mit verbesserten Bedingungen.
- Bieten Sie verstärkt Beratung an.
- Aber: Drängen Sie sich dem Kunden nicht auf.

C1 Schreiben Sie einen Brief.

Sie sind:	Sherry-Exporteur Buergo, Sevilla, Spanien
Sie schreiben an:	Weingroßhandlung Reisch, Augsburg, Deutschland
Sie wollen:	nachfragen, was aus Ihrem Angebot über die Lieferung von 200 Flaschen Sherry geworden ist.

C2 Schreiben Sie eine E-Mail.

Sie sind:	Italfisch-Konservenfabrik, Neapel, Italien
Sie schreiben an:	Aro Catering-Service, Köln, Deutschland
Sie wollen:	wissen, warum dieser ehemalige Großabnehmer seit einiger Zeit Ihre Fischpaste nicht mehr kauft.

Auftrag / Bestellung, Widerruf

Wenn Ihnen das *Angebot* gefällt, dann erteilen Sie einen *Auftrag* oder *bestellen*, wobei *Bestellung* und *Auftrag* zwei Namen für dieselbe Sache sind. Nach einer telefonischen *Bestellung* sollten Sie Ihren *Auftrag* sofort schriftlich bestätigen. So kann es gar nicht erst zu Missverständnissen kommen.

Juristisch unterscheidet man zwischen zwei Arten von Aufträgen:

1. Ihr *Auftrag* bezieht sich auf ein *freibleibendes Angebot*.

1 **Was hat ein solcher Auftrag für rechtliche Konsequenzen? Kreuzen Sie die drei richtigen Punkte an.**

1 ◯ Nur Sie haben sich verpflichtet.
2 ◯ Auch der Anbieter, Ihr Lieferant, ist Verpflichtungen eingegangen.
3 ◯ Ihr Lieferant kann die Bestellung annehmen.
4 ◯ Ihr Lieferant kann die Bestellung ablehnen.

2. Sie nehmen ein *festes Angebot* an und begründen damit einen Kaufvertrag.

2 **Was hat ein solcher Kaufvertrag für rechtliche Konsequenzen für Sie und Ihren Lieferanten? Kreuzen Sie die drei richtigen Punkte an.**

1 ◯ Der Lieferant muss liefern.
2 ◯ Der Lieferant kann, muss aber nicht liefern.
3 ◯ Sie müssen die Ware annehmen.
4 ◯ Sie müssen die Ware bezahlen.

Sie können Ihren *Auftrag* aber *widerrufen*, wenn Sie ihn aus bestimmten Gründen nachträglich ändern oder ganz zurückziehen wollen. Aber Vorsicht: Ihr *Widerruf* ist nur dann rechtlich wirksam, wenn der Lieferant ihn vor oder spätestens gleichzeitig mit dem *Auftrag* erhält. Bei *telefonischem Widerruf* senden Sie den *schriftlichen Widerruf* nach oder lassen sich ihn bestätigen.

3 **Haben Sie geschäftlich oder privat schon einmal eine Bestellung widerrufen? Gab es Probleme dabei? Wenn ja, welche? Sprechen Sie zu zweit und berichten Sie dann im Kurs.**

Textbeispiele

AVENTURA
Artículos Deportivos

Aventura · Calle Calderón de la Barca, 1 · 41003 Sevilla

Asia-Sport
Vertrieb für Sportartikel
Augsburger Str. 16–18
86316 FRIEDBERG
DEUTSCHLAND

Korbinian Becker
Calle Calderón de la Barca, 1
41003 Sevilla
Tel.: (5) 421 00 6-31
Fax: (5) 421 00 6-17
www.aventuraad.com
info@aventuraad.com

Auftrag   18.11.20..

Sehr geehrte Damen und Herren,

vielen Dank für Ihr Angebot vom 10.11.20.. sowie die zugeschickten Muster. Wir bestellen:
300 Handbälle, Nr. 679, Preis EUR ... pro Stück
200 Basketbälle, Nr. 886, Preis EUR ... pro Stück
150 Fitness-Handschuhe, Nr. 1076, Preis EUR ... pro Stück

Liefern Sie bitte binnen 6 Wochen frei Haus.
Bei Bezahlung innerhalb von zwei Wochen
ziehen wir 2 % Skonto ab.
Bitte senden Sie uns eine Auftragsbestätigung zu.

Mit freundlichen Grüßen

Mercedes Panadero

Mercedes Panadero
panadero@aventuraad.com

FAX

Tel.: (5) 421 00 6-31
Fax: (5) 421 00 6-17
Fecha: 20.11.20..
Total de páginas: 1

Aventura Artículos Deportivos
www.aventuraad.com
info@aventuraad.com
Calle Calderón de la Barca, 1
41003 Sevilla

Asia-Sport
Vertrieb für Sportartikel

Fax 0749-821-6016299

Unsere Bestellung vom 18.11.20..

Sehr geehrte Damen und Herren,

leider müssen wir unsere Bestellung vom 18.11.20.. teilweise widerrufen,
da wir noch genügend Fitness-Handschuhe auf Lager haben.
Für die beiden anderen Posten (300 Handbälle und 200 Basketbälle)
erhalten wir unsere Bestellung selbstverständlich aufrecht.

Mit freundlichen Grüßen

Mercedes Panadero

Mercedes Panadero
panadero@aventuraad.com

A Formulierungstraining

A1 Was passt zusammen? Ordnen Sie zu.

1 Wir danken Ihnen	A unsere Spedition Dengler.
2 Wir haben Ihre Mustersendung geprüft	B gesetzlicher Mehrwertsteuer.
3 Wir bitten Sie	C für Ihr Angebot.
4 Wir benötigen die Ware	D ziehen wir 2,5 % Skonto ab.
5 Bitte liefern Sie an	E und bestellen:
6 Bei Bezahlung binnen 3 Wochen	F unbedingt noch vor Weihnachten.
7 Alle Preise zuzüglich	G um sofortige Bestätigung unseres Auftrags.

A2 Ergänzen Sie.

abholen • annehmen • aufrechterhalten • Auftrag • benötigen • bestätigen • bestelle • frühesten •
für • gewähren • nennen • Rücksprache • spätestens • vom • wie • Zeit • zuzüglich

[...] vielen Dank _____ (1) Ihr Angebot _____ (2) 17.09.20.. Nach _____ (3) mit
unserem technischen Direktor _____ (4) ich:
100 Aquatherm Latentwärmespeicher, Best.-Nr. 342a, zum Preis von EUR ... pro Stück
mit folgender Änderung: Wir _____ (5) noch 10 weitere Geräte mit einem zweiten
Wärmetauscher, Best.-Nr. 342b, zum Preis von EUR ... pro Stück.
Alle Preise _____ (6) gesetzlicher Mehrwertsteuer. Falls Sie den Preis für die zusätzlichen
Geräte nicht _____ (7) können, bitten wir um ein neues Angebot. Ansonsten
_____ (8) Sie mir bitte diesen _____ (9) so schnell _____ (10) möglich und
_____ (11) Sie mir den _____ (12) Termin, zu dem wir die Ware mit unserem Lkw
_____ (13) können. Sie muss _____ (14) am 01.11. in unseren Händen sein,
sonst können wir sie nicht mehr _____ (15). Für die Bezahlung _____ (16)
Sie uns bitte 30 Tage _____ (17).

A3 Bringen Sie die Textteile in eine richtige Reihenfolge.

_5_	A	Der Grund: Der Kunde,
____	B	Wir wären Ihnen sehr dankbar,
____	C	Sie können aber ganz sicher
____	D	ist zahlungsunfähig geworden.
_1_	E	Wir haben bei Ihnen am 14. 01. 20..
____	F	haben wir diesen Auftrag widerrufen.
____	G	obwohl die Widerrufsfrist abgelaufen ist.
____	H	Durch die Abnahme der Geräte
_14_	I	bald mit neuen Aufträgen rechnen.
____	J	Mit unserem gestrigen Fax
____	K	würden auch wir in ernsthafte Zahlungsschwierigkeiten kommen.
____	L	drei Bagger bestellt.
_6_	M	für dessen Bauprojekt wir die Bagger benötigten,
____	N	wenn eine Stornierung der Bestellung möglich wäre,

B Grammatik

Konditionalsätze: *wenn – dann*

Konditionalsätze antworten auf die Frage: *Unter welcher Bedingung? In welchem Fall?*

wenn-Satz: Bedingung	Hauptsatz: Folge
Wenn *uns das Angebot gefällt,*	*(**dann**) bestellen wir bei Ihnen.*

Der *wenn*-Satz ist ein Nebensatz, das konjugierte Verb steht am Satzende.

Der *wenn*-Satz kann auch nach dem Hauptsatz stehen:

Wir bestellen bei Ihnen, **wenn** *uns das Angebot gefällt.*

Oft sind Konditionalsätze und Temporalsätze (siehe Lektion 5) mit *wenn* nicht eindeutig voneinander zu unterscheiden.

B1 **Suchen Sie die Sätze, die zusammenpassen und verbinden Sie sie mit *wenn*.**

1 Wir können Ihnen preislich entgegenkommen.   A Sie geben uns den Auftrag.
2 Wir bestellen die Kopierer bei Ihnen.   B Die gelieferten Waren sind von guter Qualität.
3 Sie bekommen Sonderkonditionen.   C Sie haben an unserem Angebot Interesse.
4 Rufen Sie uns an.   D Sie entscheiden sich bald.
5 Sie können mit weiteren Aufträgen rechnen.   E Sie geben uns 10 % Rabatt.

1D Wir können Ihnen preislich entgegenkommen, wenn Sie sich bald entscheiden.

B2 **Verbinden Sie die beiden Sätze. Beginnen Sie jeweils mit: *Wenn …***

1 Die Firma nimmt das Angebot an. Sie schließt damit einen Kaufvertrag ab.
2 Wir können bald mit den neuen Kopierern arbeiten. Die Firma Conan liefert in Kürze.
3 Wir können die Ware nicht mehr annehmen. Die Firma liefert zu spät.
4 Der Kunde zahlt nicht pünktlich. Wir können ihm keinen Rabatt gewähren.
5 Die Firma verpackt die Ware nicht sachgemäß. Wir nehmen die Lieferung nicht an.

Wenn die Firma das Angebot annimmt, schließt sie damit einen Kaufvertrag ab.

Die Konditionalsätze können auch mit dem Verb beginnen; *wenn* fällt in diesem Fall weg. Die Bedingung steht dann immer an erster Stelle.

***Hat** man ein festes Angebot angenommen, muss man die Ware abnehmen.*

Der Konditionalsatz kann auch mit dem Modalverb *sollen (Sollte …)* beginnen; *wenn* fällt dann weg. Die Bedingung steht immer an erster Stelle.

***Sollten** Ihre Preise konkurrenzfähig sein, erhalten Sie größere Aufträge.*

B3 **Formulieren Sie die Sätze aus B2 um. Beginnen Sie jeweils mit dem konjugierten Verb.**

1 Nimmt die Firma das Angebot an, schließt sie damit einen Kaufvertrag ab.

B4 Formulieren Sie die Sätze um. Beginnen Sie jeweils mit: *Sollte ...*

1 Kontaktieren Sie unseren Kundenservice, wenn Sie Hilfe bei der Buchung benötigen.

2 Wenn Sie weitere Angebote wünschen, klicken Sie auf „weitere Verbindungen".

3 Geben Sie Ihre Zugangsdaten ein, wenn Sie über ein Kundenkonto verfügen.

4 Wenn Sie die Kreditkarte unserer Airline zur Zahlung benutzen, fallen keine Extra-Gebühren an.

5 Wenn Sie jetzt unsere Kreditkarte beantragen, bezahlen Sie 30 Euro weniger.

---

bei + Nomen im Dativ

Bei Bezahlung *innerhalb von zwei Wochen können Sie 2 % Skonto abziehen.*

bei + Nomen im Dativ ist eine Alternative zum *wenn*-Satz + Verb

Wenn Sie innerhalb von zwei Wochen bezahlen, können Sie 2 % Skonto abziehen.

Hier handelt es sich um eine Frage des Stils: Die Formulierung mit dem *wenn*-Satz wirkt lebendiger und persönlicher. Falls bereits viele Nebensätze im Kontext vorkommen – oder wenn der Text kurz sein soll – wählen Sie die Formulierung mit Präposition.

B5 Schreiben Sie Sätze mit *bei*.

1 Wenn Sie unser Studio regelmäßig besuchen, bekommen Sie einen Treuebonus.

2 Wenn Sie effektiv trainieren, stellt sich bald ein positiver Effekt ein.

3 Wenn Sie diesen Gutschein vorlegen, können Sie Sauna und Dampfbad einmal kostenlos besuchen.

4 Wenn Sie weitere Fragen haben, wenden Sie sich an unser Team.

5 Wenn Sie Interesse haben, rufen Sie uns bitte an.

6 Wenn man sie sorgfältig pflegt, halten die Geräte länger.

7 Unser Trainer berät Sie gerne, wenn Sie Sonderwünsche haben.

8 Wenn Sie sich sofort anmelden, ist der erste Monat kostenlos.

B6 Schreiben Sie Sätze mit *wenn*.

1 Bei Nichtgefallen kann die Ware umgetauscht werden.

2 Achten Sie beim Versand der Ware auf sachgemäße Verpackung.

3 Bei Vertragsabschluss werden auch die Zahlungsmodalitäten geregelt.

4 Bei Bezahlung in Raten können wir Ihnen einen sehr günstigen Zinssatz anbieten.

5 Bei Bestellung vor dem 31.03. gewähren wir Ihnen einen Rabatt von 3 %.

6 Bei nachträglicher Änderung des Auftrags können wir die Lieferzeit nicht garantieren.

7 Bei Widerruf der Bestellung benötigen wir ein PDF-Dokument mit Unterschrift.

8 Bei der Auftragserteilung beziehen Sie sich bitte auf unser heutiges Gespräch.

Präpositionen

B7 **Ergänzen Sie die Präpositionen.**

> auf • auf • auf • für • für • Mit • nach • über • um • von • zur • zwischen

Wir beziehen uns _____ (1) Ihr Schreiben vom 30.05.20.. und danken Ihnen _____ (2) Ihr Angebot.
Bevor wir eine verbindliche Bestellung aufgeben können, bitten wir Sie aber _____ (3) einige weitere
Informationen.
Das Probegerät, das Sie uns _____ (4) Verfügung gestellt haben, hat uns und unsere Kunden überzeugt,
die Tastatur des Computers, _____ (5) der der Benutzer sein individuelles Leistungsprofil einstellen kann,
reagiert allerdings erst _____ (6) heftigem Druck _____ (7) die jeweiligen Tasten. Außerdem ist die
Differenz _____ (8) mittlerem und hohem Leistungsprofil nicht ausgeprägt genug.
Bevor wir uns _____ (9) ein Gerät entscheiden, möchten wir uns _____ (10) eventuelle Alternativmodelle
informieren. Könnten wir _____ (11) Ihnen noch weitere Angebote erhalten?

_____ (12) freundlichen Grüßen

C   Schreibtraining

Wichtig

- Beziehen Sie sich auf das Angebot, die Empfehlung, die Zeitungsanzeige, den Vertreterbesuch etc.
- Beschreiben Sie genau, was, wie viel und zu welchem Preis Sie bestellen.
- Bestimmen Sie, wann und wie geliefert werden soll.
- Legen Sie fest, wie und wann Sie zahlen wollen.
- Vergessen Sie nicht Ihre Sonderwünsche, z. B. für die Verpackung.
- Bitten Sie um eine Auftragsbestätigung.
- Wenn Sie einen Auftrag widerrufen, dann handeln Sie schnell, damit Ihr Widerruf rechtzeitig
  beim Lieferanten eintrifft.

C1   **Schreiben Sie einen Brief.**

Sie sind:	Autohaus Ibiza, Barcelona.
Sie schreiben an:	Bramus GmbH, Auspuffsysteme, Freiburg.
Sie wollen:	Bramus-Auspuffanlagen für
	Ihr Zubehörsortiment bestellen.

C2   **Schreiben Sie eine Mail.**

Sie sind:	Versandhaus Niersteiner.
Sie schreiben an:	Textilfirma Zeus.
Sie wollen:	einen Auftrag über 1500 Nachthemden
	widerrufen.

Auftragseingang, Annahme / Ablehnung

Nach Erhalt der *Bestellung* schicken Sie dem Kunden eine *Auftragsbestätigung*, damit es überhaupt zu einem Kaufvertrag kommt. Eine *schriftliche Auftragsbestätigung* ist vor allem bei *telefonischen Bestellungen* wichtig. Die sind häufig eine Quelle von Missverständnissen – und zwar auf beiden Seiten.

Wenn bei Ihnen ein Kunde bestellt, Sie diesen Auftrag jedoch nicht ausführen können oder wollen, dann senden Sie dem Kunden eine *schriftliche Ablehnung* zu.

1 **Was vermuten Sie: Wann müssen Sie dem Kunden eine Auftragsbestätigung zusenden? Kreuzen Sie die drei richtigen Punkte an.**

1 ◯ Wenn Ihr vorangegangenes Angebot unverbindlich war.

2 ◯ Wenn Sie gar kein Angebot vorgelegt haben.

3 ◯ Wenn Ihr Angebot zu großzügig war.

4 ◯ Wenn der Kunde Ihr ursprüngliches Angebot modifiziert hat.

2 **Was könnten die Gründe für eine Ablehnung sein? Kreuzen Sie die drei richtigen Punkte an.**

1 ◯ Der Kunde will etwas bestellen, was Sie gar nicht angeboten haben.

2 ◯ Der Artikel ist nicht mehr (in ausreichender Stückzahl) auf Lager.

3 ◯ Der Kunde hat auf Ihr Angebot mit einem Gegenangebot zu veränderten Bedingungen reagiert.

4 ◯ Der Kunde hat bei der letzten Lieferung verspätet bezahlt.

3 **Gab es schon einmal Missverständnisse mit Aufträgen von Kunden an Ihre Firma oder mit Aufträgen von Ihrer Firma? Sprechen Sie zu zweit und berichten Sie im Kurs.**

Textbeispiele

BBF Verlag · Amsterdamer Str. 19 · 50736 Köln

VDHZ – VERBAND DEUTSCHER HUNDEZÜCHTER
Frau Bauer
Postfach 693309
40278 Düsseldorf

BBF Verlag

Amsterdamer Str. 19
50736 Köln
E-Mail: info@bbf-media.com
Internet: www.bbf.de

13. März 20..

Auftragsbestätigung

Sehr geehrte Frau Bauer,

wir bestätigen Ihren Anzeigenauftrag
vom: 08.03.20..
Zeitschrift: Der Hundefreund
Ausgabe: 3 / 20..
Anzeigengröße: 75 x 225 mm
Platzierung: rechte Seite, rechte Spalte
Preis: EUR ...

Ihre Druckunterlagen senden Sie uns bitte bis zum 30. April 20.. .
Wir danken Ihnen für diesen Auftrag und wünschen Ihrer Anzeige guten Erfolg.

Mit freundlichen Grüßen

Erika Mayer
erika.mayer@bbf-media-com

Anzeigen

Überbein & Co. · Gerhart-Hauptmann-Ring 45 · 60141 Frankfurt

Schuhhaus Trott
Frau Marianne Jost
Heidschnuckenweg 90
21297 Hamburg

17.08.20..

Ihre Bestellung vom 10.08.20..

Sehr geehrte Frau Jost,

wir danken Ihnen für Ihre Bestellung vom 10.08.20.. über 50 Paar ortho-
pädische Damenschuhe, Modell „Isabella", zum Preis von EUR ... je Paar.
Leider können wir Ihnen diese Schuhe nicht liefern. Es handelt sich um ein
Auslaufmodell, von dem wir noch einen Restposten auf Lager hatten.
Deshalb war unser Angebot unverbindlich.
Wir haben jedoch ein attraktives Alternativangebot für Sie: unser brand-
neues, aber ganz ähnliches Modell „Arabella" zum Preis von EUR ... je Paar.
Dieses Nachfolgemodell steht in ausreichender Stückzahl zur Verfügung.
Über eine Bestellung von Ihnen würden wir uns freuen.

Mit freundlichen Grüßen

Christoph Überbein

ÜBERBEIN & CO.

Orthopädische Schuhherstellung
Gerhart-Hauptmann-Ring 45
60141 Frankfurt

Telefon 069 36473-68
Fax 069 36473-78
Internet: www.ueberbeinortho.de
E-Mail: info@ueberbeinortho.de

Hessische Kreditbank
IBAN DE70 6003 0370 0000 5677 33
BIC HESKDEFFXXX

A Formulierungstraining

A1 **Welche Sätze haben eine ähnliche Bedeutung? Ordnen Sie zu.**

1 Über Ihren Auftrag haben wir uns sehr gefreut.

2 Wir werden Ihren Auftrag wie folgt ausführen:

3 Die Lieferzeit beträgt ca. zwei Wochen.

4 Der Versand erfolgt per Luftfracht.

5 Wir werden uns genau an Ihre Anweisungen halten.

6 Wir würden uns freuen, die gute Zusammenarbeit mit Ihnen in den kommenden Jahren fortzusetzen.

A Wir können innerhalb von 14 Tagen liefern.

B Wir hoffen auf erfolgreiche Geschäftsbeziehungen auch in Zukunft.

C Wir werden Ihre Sonderwünsche auf jeden Fall berücksichtigen.

D ... Ihren Auftrag, den wir wie folgt bestätigen:

E Wir danken Ihnen für Ihre Bestellung.

F Die Lieferung geht mit Lufthansa Cargo an Sie ab.

A2 **Ergänzen Sie.**

auf • Aufgrund • ausführen • bestätigen • Bestellung • bisherigen • erhöhen • Leider • Preisliste • Verständnis • zu

Sehr geehrte Damen und Herren,

vielen Dank für Ihre _____ (1). _____ (2) können wir Ihren Auftrag nicht zu den _____ (3) Preisen _____ (4).

_____ (5) von Preiserhöhungen unserer Zulieferer mussten auch wir unsere Preise leicht _____ (6). Wir hoffen _____ (7) Ihr _____ (8) und senden Ihnen unsere

neue _____ (9) zu.

Wir würden uns freuen, wenn Sie Ihren Auftrag ____ (10) den neuen Preisen _____ (11) würden.

Mit freundlichen Grüßen

B Grammatik

B1 **Formulieren Sie höflicher.**

1 Ich will mit der Buchhaltung sprechen. (→ verbinden)
Bitte verbinden Sie mich mit der Buchhaltung.

2 Wir wollen Infos über Neuentwicklungen. (→ informieren)

3 Wir wollen die Ware noch vor Weihnachten. (→ liefern)

4 Wir wollen ein Angebot von Ihnen. (→ machen)

5 Wir wollen den Liefertermin wissen. (→ mitteilen)

6 Sie sollen uns bald besuchen. (→ persönlich vorbeikommen)

---

kennen – wissen

kennen	Informationen, die man durch eigene Erfahrung hat (Person / Sache).
	Ich kenne den Weg. (Ich war schon mal hier.)
	Ich kenne Martina sehr gut. (Ich habe zwei Jahre mit ihr zusammengearbeitet).
wissen	Informationen, die man durch allgemeine Kenntnisse hat (Tatsache).
+ Nebensatz	*Wissen Sie, welches Datum wir heute haben?*
+ Akkusativ	*Ich weiß den Weg. (Ich habe die Karte gelesen.)*
+ *über* (+ Akk.)	*Anna weiß alles über dieses Projekt.*

B2 **Was ist richtig? Kreuzen Sie an.**

1 ◯ Kennen ◯ Wissen Sie Herrn Möllemann?
2 Soviel ich ◯ kenne ◯ weiß, hat er vorher in Düsseldorf gearbeitet.
3 ◯ Wissen ◯ Kennen Sie, warum er die Stelle dort aufgegeben hat?
4 Nein, das ◯ kenne ◯ weiß ich nicht, aber ich ◯ weiß ◯ kenne eine Kollegin von ihm,
Frau Schwarz, die kann ich mal fragen.

B3 **Ergänzen Sie die richtigen Formen von *kennen, wissen* oder *können*.**

1 Wann _____ Sie uns die Waren liefern? –
Das _____ ich Ihnen nicht genau sagen. Ich _____ nämlich
nicht, ob wir eine ausreichende Menge auf Lager haben.

2 Der Kunde hat schon zweimal wegen der Bestellung angerufen.
Ich _____ nicht mehr, was ich ihm sagen soll. –
Ok, ich spreche mal mit ihm. Ich _____ ihn ziemlich gut.

3 _____ Sie, wann Frau Brummer aus Spanien zurückkommt? –
Nein, das _____ ich Ihnen leider nicht sagen.

Höfliche Formulierungen: Konjunktiv II

Eine andere Möglichkeit, höflich zu formulieren, ist der **Konjunktiv II**. Der Konjunktiv wird jedoch in der modernen Geschäftskorrespondenz wesentlich seltener verwendet als früher, weil man heute klarer und direkter schreibt.

Folgende Formulierungen sollten Sie vermeiden:	Formulieren Sie direkt:
Wir möchten Sie bitten, uns eine Auftragsbestätigung zu schicken.	*Bitte schicken Sie uns eine Auftragsbestätigung.*
Es dürfte sich um ein Versehen unserer Buchhaltung handeln.	*Leider hat unsere Buchhaltung das übersehen.*
Ich würde mir erlauben, Sie morgen anzurufen.	*Ich rufe Sie morgen an.*

Sie müssen den Konjunktiv aber verwenden, wenn Sie sich auf eine hypothetische oder irreale Situation beziehen.

Konjunktiv II: *würde* + Infinitiv

Über eine Bestellung würden wir uns freuen.
Durch den Termin würden wir in Zahlungsschwierigkeiten kommen.

Die Konjunktiv-II-Formen der folgenden Verben brauchen Sie häufig:

	sein	haben	werden
ich	wäre	hätte	würde
du	wärst	hättest	würdest
er, sie, es	wäre	hätte	würde
wir	wären	hätten	würden
ihr	wärt	hättet	würdet
sie, Sie	wären	hätten	würden

Außerdem:

können → ich könnte   wollen → ich wollte
müssen → ich müsste   sollen → ich sollte
dürfen → ich dürfte

B4   **Ergänzen Sie die Verben im Konjunktiv II.**

freuen • haben • können • liefern • schicken • sein • sprechen

1 Wann kommt die Ware? – Das kann ich Ihnen noch nicht genau sagen. Wir _____ gerne in zwei Wochen _____, aber das hängt von der Herstellung ab.

2 Wir _____ Ihnen dankbar, wenn Sie uns die Ware so bald wie möglich _____.

3 Über eine Bestellung _____ wir uns _____.

4 Ich _____ gern mit Herrn Möllemann _____.

5 Unser Berater _____ Sie in etwa zwei Wochen besuchen. An welchem Tag _____ Sie Zeit?

---

mögen – möchten – wollen

mögen   Sympathie, etwas gern haben: *Dieser Designer mag Holz und Glas.*

wollen   Absicht, Wunsch: *Andreas will sich einen neuen Tisch kaufen.*

möchten   höflich für *wollen*: *Ich möchte eine Bestellung aufgeben.*

B5 Ergänzen Sie die richtigen Formen von *möchten, mögen* oder *wollen*.
Manchmal gibt es zwei Möglichkeiten.

1 Wir _____ nach Spanien fahren. _____ / _____ du mitkommen?
Meine besten Freunde fahren mit, also Leute, die du bestimmt _____.

2 Paolo _____ klassische Musik sehr gern. Ich _____ / _____ ihm eine
Karte für die Philharmonie zum Geburtstag schenken. _____ / _____ du dich an
dem Geschenk beteiligen?

B6 Formulieren Sie höflicher. Verwenden Sie dabei den Konjunktiv II.

1 Tür zu! *Würden/Könnten Sie bitte die Tür schließen?* _____
2 Fenster auf! _____
3 Die Speisekarte! _____
4 Uns fehlt ein Stuhl! _____
5 Was trinken Sie? _____
6 Die Rechnung! _____
7 Zahlen! _____

C Schreibtraining

Wichtig

- Wenn Sie selbst bestellen: Bitten Sie immer um eine Auftragsbestätigung.
- Wenn Sie Aufträge ablehnen: Machen Sie – wenn möglich – ein alternatives Angebot.
- Und denken Sie daran: Fassen Sie sich kurz.

C1 Schreiben Sie Briefe.

Brief I

Sie sind:	Kunstschreinerei Nagel.
Sie schreiben an:	Bestattungsunternehmen „Ruhe in Frieden".
Sie wollen:	Auftrag über 140 Eichensärge bestätigen.

Brief II

Sie sind:	Geflügelzuchtfirma „Kikeriki".
Sie schreiben an:	Kantine der Firma Gelhard.
Sie wollen:	Auftrag über die Lieferung von 5 000 Hühnerkeulen ablehnen.

C2 Formulieren Sie die folgende Auftragsablehnung weniger umständlich.

... mit Bezug auf Ihr Schreiben vom 24.03.20.. sehen wir uns gezwungen Ihnen mitzuteilen, dass wir
uns außerstande sehen, den Auftrag über 3 000 gelbe Tennisbälle, den Sie in diesem Schreiben erteilt
haben, anzunehmen, obwohl wir das sehr gerne getan hätten. Wir freuen uns jedoch Ihnen mitteilen
zu können, dass wir in der Lage sind, Ihnen zu besonders günstigen Konditionen 3 000 Tennisbälle in
Neongrün anzubieten. Wir würden uns außerordentlich freuen, wenn wir Ihnen ein entsprechendes
Angebot unterbreiten könnten und verbleiben ...

Ihr Schreiben vom 24.03.20..
Sehr geehrte Damen und Herren,
leider müssen wir Ihnen ...

Lieferung, Versandanzeige, Rechnung

In einigen Fällen ist vor der Lieferung eine *Versandanzeige* üblich. Die *Rechnung* (Handelsrechnung, Faktura) legen Sie entweder bei oder Sie schicken sie nach Auslieferung der Ware mit getrennter Post ab.

1 **Wann könnte eine Versandanzeige besonders angebracht sein?**
Kreuzen Sie die drei richtigen Punkte an.

1 ○ wenn Sie größere Mengen eines Artikels liefern
2 ○ wenn Sie nur einen Teil der bestellten Warenmenge liefern
3 ○ wenn Sie Güter mit großem Umfang oder Gewicht liefern
4 ○ wenn Sie vergessen haben, die bestellten Güter zu liefern

2 **Welche Angaben enthält die Rechnung? Kreuzen Sie die fünf richtigen Punkte an.**

1 ○ Angaben über Menge und Art sowie die genaue Bezeichnung der Ware
2 ○ Brutto- und Nettopreis sowie die Mehrwertsteuer
3 ○ Zahlungsmodi
4 ○ Angaben über die Verteilung der Provision unter den Mitarbeitern
5 ○ Eventuell einen Hinweis auf den Spediteur
6 ○ Unter Umständen auch eine Beglaubigung durch Handelskammer oder Konsulat
7 ○ Angaben zur Versicherung der Ware

3 **Haben Sie oder Ihre Firma schon einmal eine falsche Lieferung bekommen?**
Um welche Art von Lieferung hat es sich gehandelt? Wie haben Sie reagiert?
Sprechen Sie zu zweit und berichten Sie im Kurs.

Textbeispiele

 **THOMPSON MOTORKOMPONENTEN** GmbH & Co. KG

Zieglerstraße 16	52078 Aachen	Telefon 0241 3143-0	Fax 0241 3143-350
Postfach 642	52075 Aachen	E-Mail: www.thomoko.de	

Thompson Motorkomponenten GmbH & Co. KG, Postfach 642, 52075 Aachen

Mitsuoka Ltd.
Herrn Toshiro Yoshikawa
10,3–chome Marunouchi
Chiyoda-ku, TOKYO
JAPAN

19.03.20..

Sehr geehrter Herr Yoshikawa,

heute haben wir Ihre Bestellung vom 16.03.20.. über
40 Thompson-Kolben SPC 1.400
40 Thompson-Leichtmetallzylinder XRQ 9.9334

ausgeführt. Die Teile werden mit MS „Tarkowskij" voraus sichtlich am 19.05.20..
in Yokohama eintreffen.
Die Sendung besteht aus 20 Kolli. Sie sind gemäß Ihren Anweisungen wie folgt markiert:
MIT
1–20
Tokyo via
Yokohama

Die Kolli 1–10 enthalten die Kolben, Nr. 11–20 die Zylinder. Alle nötigen Angaben finden Sie
in beiliegender Rechnung.

Die Versanddokumente haben wir unserer Bank zur Einlösung des Akkreditivs zugeschickt.
Über weitere Aufträge von Ihnen würden wir uns freuen.

Mit freundlichen Grüßen

J. Rörlich

Manager Gussteile
rörlich@thomoko.com

Anlage

UST(VAT)-ID-Nr. DE 136 113 547 · Konto DE78 4308 1490 2658 7369 38, BIC ACHYDEACXXX
Amtsgericht Aachen HRB 5603 · Persönlich haftender Gesellschafter: Egon Kranz · Geschäftsführer: Michael Meyerbeer

DOPS Messtechnik GmbH

DOPS Messtechnik GmbH • Postfach 80 00 07 • 80806 München

Heinrich Lasch GmbH
Herrn Klein
Industriestraße 379
70565 Stuttgart

Postfach 80 00 07
80806 München

Internet: www.dops-messtechnik.com
E-mail: info@dops-messtechnik.com

Muthmannstraße 69
80939 München
Tel. 089 311 11-0
Fax 089 311 11-17

Rechnung Nr. 327097   17.07.20..

Kundenbestellung: Nr. 974/63
Auftragsbestätigung: 84920

Art der Lieferung: Gesamtlieferung

Anzahl	Artikel	Einzelpreis	Gesamt
2	Spannungsmessgerät ALPHA 141028	EUR 147,00	EUR 254,00
1	Akkumulator AS 170628	EUR 773,00	EUR 773,00
1	Messgerät OPTICA 220155	EUR 695,00	EUR 695,00
Warenwert netto			EUR 1722,00
19 % Mehrwertsteuer			EUR 327,18
Verpackung			EUR 75,00
Gesamt			**EUR 2124,18**

Zahlungsbedingungen: netto innerhalb von 30 Tagen

Für alle Lieferungen und Leistungen gelten die umseitig genannten
Allgemeinen Verkaufs- und Lieferbedingungen.

Reklamationen werden nur innerhalb von 14 Tagen nach Warenerhalt angenommen.

Diese Rechnung wurde mit EDV erstellt und ist ohne Unterschrift gültig.

Bayern-Bank München, IBAN DE12 6003 0270 0000 1347 34, BIC BAYBDEMMXXX
Bankhaus Dinkel, IBAN DE14 9637 0895 0000 2154 77, BIC BADIDEFF890
Kreditbank Süd, IBAN DE16 5679 3451 0000 9854 89, BIC KRESDEMM

A Formulierungstraining

A1 Welche Satzteile passen zusammen? Ordnen Sie zu.

1 Ihren Auftrag vom 30.11.20..
2 Die von Ihnen bestellten Waren
3 Die Ware wird voraussichtlich
4 Alle Angaben über Gewicht und Inhalt der Kolli
5 Wir legen diesem Schreiben
6 Bitte überweisen Sie den Rechnungsbetrag
7 Wir haben Ihr Konto
8 Wir hoffen, dass die Ware
9 Wir würden uns über

A stehen in beiliegender Handelsrechnung.
B haben wir heute auf Ihren Lkw geladen.
C in gutem Zustand bei Ihnen eintrifft.
D haben wir heute ausgeführt.
E weitere Aufträge von Ihnen freuen.
F unsere Rechnung über EUR … bei.
G auf unser Konto bei der Barclays Bank in Rom.
H mit dem Betrag der beigefügten Rechnung belastet.
I am 11.10. bei Ihnen eintreffen.

A2 Ordnen Sie die Bezeichnungen den Abbildungen von Versandbehältern zu.
Ergänzen Sie jeweils den bestimmten Artikel und die Pluralform.

Container • Fass • Holzkiste • Karton • Lattenkiste • Palette • Sack • Trommel

① _____ ② _____ ③ _____ ④ _____

⑤ _____ ⑥ _____ ⑦ _____ ⑧ _____

A3 Ein Packstück nennt man Kollo. Ordnen Sie die Ziffern der Kollo-Beschriftung jeweils dem entsprechenden deutschen Begriff zu.

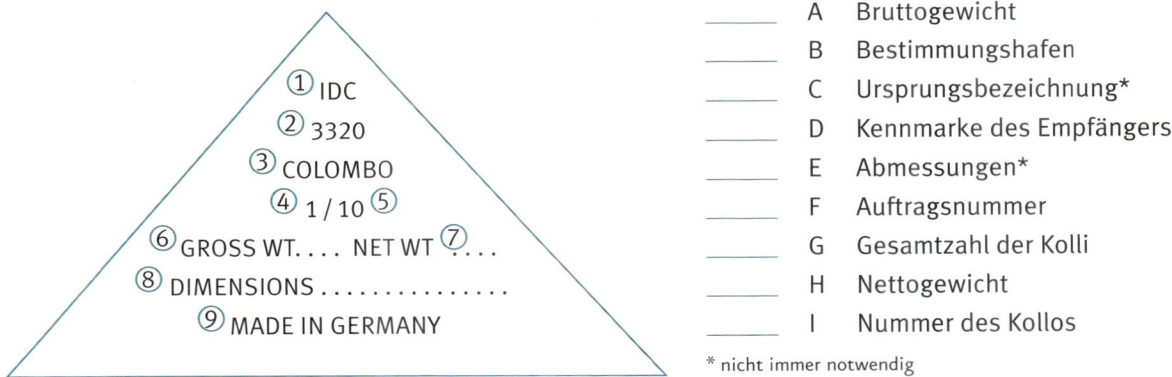

① IDC
② 3320
③ COLOMBO
④ 1 / 10 ⑤
⑥ GROSS WT. … . NET WT ⑦ . …
⑧ DIMENSIONS . . . .
⑨ MADE IN GERMANY

_____ A Bruttogewicht
_____ B Bestimmungshafen
_____ C Ursprungsbezeichnung*
_____ D Kennmarke des Empfängers
_____ E Abmessungen*
_____ F Auftragsnummer
_____ G Gesamtzahl der Kolli
_____ H Nettogewicht
_____ I Nummer des Kollos

* nicht immer notwendig

A4 Ordnen Sie den Schildern den entsprechenden Begriff zu.

A Zerbrechliches Packgut • B Vor Hitze schützen • C Vor Nässe schützen •
D Keine Handhaken verwenden • E Oben • F Entzündbare Flüssigkeit

○  ○  ○ ○ ○ ○

1　　　　2　　　　3　　　　4　　　　5　　　　6

B　Grammatik

n-Deklination

Einige Nomen werden nach der *n*-Deklination dekliniert. Das bedeutet, dass diese Nomen – außer im Nominativ Singular – immer die Endung *-n / -en* haben. Diese Nomen sind alle maskulin. Die Anzahl dieser Nomen ist zwar nicht groß, sie kommen aber in der Geschäftskommunikation immer wieder vor.

Zum Vergleich:

	n-Dekl. Singular	normale Dekl.	n-Dekl. Plural	normale Dekl.
Nominativ	*der Kunde*	*der Auftrag*	*die Kunden*	*die Aufträge*
Akkusativ	*den Kunden*	*den Auftrag*	*die Kunden*	*die Aufträge*
Dativ	*dem Kunden*	*dem Auftrag*	*den Kunden*	*den Aufträgen*
Genitiv	*des Kunden*	*des Auftrags*	*der Kunden*	*der Aufträge*

Nach der *n*-Deklination werden auch die folgenden Nomen dekliniert:

- maskuline Nomen auf *-e*:

der Experte	*der Biologe*	*der Gedanke (des Gedankens)*
der Türke	*der Soziologe*	*der Glaube (des Glaubens)*
der Kollege	*der Buchstabe (des Buchstabens)*	*der Wille (des Willens)*
der Pole	*der Name (des Namens)*	

- maskuline Nomen auf *-ent, -ant, -ist, -at*:

der Produzent	*der Demonstrant*	*der Bürokrat*
der Präsident	*der Kapitalist*	*der Demokrat*
der Lieferant	*der Journalist*	

- außerdem

  | *der Mensch* | *der Nachbar* | *der Herr (des Herrn, die Herren)* |

Nicht maskulin ist nur *das Herz (des Herzens, dem Herzen)*.

B1 *n*-Deklination oder normale Deklination? Antworten Sie.

1 Der Kunde möchte Sie sprechen. (anrufen) *Ich werde den Kunden anrufen.*

2 Der Kollege möchte Sie sprechen. (anrufen) _____

_____

3 Der Chef möchte mit Ihnen reden. (später vorbeigehen bei) _____

_____

4 Der Lieferant möchte Sie sprechen. (telefonieren mit) _____

_____

5 Herr Rörlich möchte Sie sprechen. (nachher vorbeigehen bei) _____

_____

6 Der Direktor möchte Sie sprechen. (morgen kontaktieren) _____

_____

7 Der Assistent möchte Sie sprechen. (eine E-Mail schreiben) _____

_____

8 Unser Spezialist möchte Sie besuchen. (morgen sprechen mit) _____

_____

B2 Ergänzen Sie die fehlenden Wörter in der richtigen Form.

Buchstabe • Gedanke • Herr • Kunde • Kollege • Nachbar • Name • Praktikant • Präsident

1 Wir haben einen neuen _____ in unserer Abteilung, _____ Yoshikawa.

2 Wer schreibt die Weihnachtskarten an unsere _____? – Das ist eine Arbeit für unseren _____.

3 Endlich mal eine gute Idee! Diesen _____ finde ich hervorragend.

4 Wie heißt der neue _____ von Frankreich? Ich kann mir seinen _____ nicht merken.

5 Ich habe mir heute Morgen das Auto meines _____ geliehen.

6 Im Deutschen schreibt man den ersten _____ eines Nomens groß.

Kausalsätze

Kausalsätze antworten auf die Frage: *Warum?*

Hauptsatz: Folge	Nebensatz: Grund
Die Firma kann die Ware nicht liefern,	*weil es einen Streik gibt.*
Die Firma kann die Ware nicht liefern,	*da es einen Streik gibt.*

Die Kausalsätze mit *weil* und *da* können auch am Anfang stehen:

Weil / Da es einen Streik gibt, kann die Firma die Ware nicht liefern.

In der gesprochenen Sprache können Kausalsätze mit *weil* als Antwort auch alleine stehen:

Können Sie mir sagen, warum die Firma nicht liefert? – Weil dort seit ein paar Tagen gestreikt wird.

B3 Antworten Sie im Präsens.

Warum schickt der Lieferant eine Versandanzeige?

1 er, abschicken, Warensendung *Weil er die Warensendung abschickt.* _____

2 Warenmenge, sein, sehr groß _____

3 Kunde, so wollen, es, ausdrücklich _____

4 nur ein Teil, Güter, sollen verschickt werden _____

5 Kunde, wünschen, ein spezieller Versandweg _____

denn

Hauptsatz 1: Folge	Hauptsatz 2: Grund
Die Firma kann die Ware nicht liefern,	*denn es gibt einen Streik.*

Der *denn*-Satz kann nicht am Anfang stehen. *Denn* steht auf Position 0.

B4 **Verbinden Sie die Sätze.**

1 Die Firma liefert nicht. Sie hat Konkurs gemacht. (weil)

_____

2 Die Summe stimmt nicht. Die Rechnung wird nicht bezahlt. (denn)

_____

3 Der Computer ist ausgefallen. Der Versand klappt nicht. (da)

_____

4 Die Ware ist nicht pünktlich gekommen. Der Kunde ist verärgert. (denn)

_____

deshalb, darum, deswegen

Hauptsatz 1: Grund	Hauptsatz 2: Folge
Es gibt einen Streik,	*deshalb / darum / deswegen kann die Firma nicht liefern.*

In diesen Sätzen muss der Grund vor der Folge stehen. Beide Sätze sind Hauptsätze, das Verb steht an Position 2.

B5 **Verbinden Sie die Sätze.**

1 Das Material ist nicht mehr in Ordnung. Die Kisten können nicht mehr benutzt werden. (deshalb)

_____

_____

2 Die Firma widerruft ihre Bestellung. Sie hat noch Waren auf Lager. (deswegen)

_____

_____

3 Frau Reese telefoniert mit der Firma Thompson. Sie hat noch eine Frage zur Rechnung. (darum)

_____

_____

4 Die Waren sind aus Glas. Man muss mit dem Paket vorsichtig umgehen. (deswegen)

_____

_____

wegen / aufgrund **+ Nomen im Genitiv**

Wegen / Aufgrund *eines Streiks kann die Firma die Waren nicht rechtzeitig liefern.*

***weil*-Satz + Verb**

*Die Firma kann die Waren nicht recht zeitig liefern, **weil** es einen Streik gibt / gab.*

Die Formulierung mit dem Nebensatz wirkt lebendiger und persönlicher. Wenn es aber schon viele Nebensätze im Kontext gibt, dann wählen Sie die Formulierung mit Präposition. Die Präposition *aufgrund* + Genitiv ist schriftsprachlich.

B6 **Formulieren Sie Sätze abwechselnd mit *wegen / aufgrund* + Genitiv.**

1 Weil es ein Unwetter gab, konnte die Ware nicht pünktlich ausgeliefert werden.

_____

2 Da ein Fehler bei der Mengenangabe gemacht wurde, stimmt der Rechnungsbetrag nicht.

_____

3 Da er Urlaub hat, kann Herr Mayer Ihre Anfrage im Moment nicht bearbeiten.

_____

4 Weil es einige Unklarheiten gab, konnten die Verhandlungen gestern nicht abgeschlossen werden.

_____

5 Weil sie eine Frage hat, ruft Frau Emmerich bei der Firma Lasch an.

_____

C Schreibtraining

Wichtig

- Informieren Sie den Kunden, wann Sie die Ware versenden.
- Nennen Sie ihm den voraussichtlichen Liefertermin.
- Erwähnen Sie, wie Sie die Ware versenden.
- Weisen Sie auf Rechnung und Zahlung hin.

C1 **Schreiben Sie E-Mails.**

E-Mail I

Sie sind:	Klavierhersteller Brechstein, Dresden, Deutschland.
Sie schreiben an:	Klaviervertrieb Adams & Hooper, Melbourne, Australien.
Sie wollen:	Ihren Kunden über den Versand bestellter Klaviere informieren.

E-Mail II

Sie sind:	Sie selbst.
Sie schreiben an:	einen deutschen Kunden Ihrer Wahl.
Sie wollen:	ihm eine Rechnung schicken.

Wareneingang: Empfangsbestätigung, Zahlungsanzeige

Manchmal wünscht die Lieferfirma, dass Sie ihr eine *Empfangsbestätigung* senden, nachdem Sie die Waren erhalten haben. Der Lieferant möchte wissen, ob der Vorgang für ihn abgeschlossen ist. Wenn Sie als Kunde den Empfang der Ware bestätigen, teilen Sie dem Lieferanten oft gleichzeitig mit,

- wann und
- wie

Sie bezahlen wollen. Eine solche *Zahlungsanzeige (Zahlungsavise)* können Sie entweder separat oder – bei Vorauszahlung – zusammen mit der Bestellung zuschicken.

1   **Was muss eine Zahlungsanzeige enthalten? Kreuzen Sie die fünf richtigen Punkte an.**

1 ◯ Gesamtbetrag
2 ◯ Zahlungsbetrag pro Rechnung
3 ◯ Empfängerkonto
4 ◯ Rechnungsdatum
5 ◯ Rechnungsnummer
6 ◯ Geschäftsbedingungen
7 ◯ Rechnungsnummern früherer Bestellungen

2   **In welchen Fällen wünscht eine Firma vermutlich eine Empfangsbestätigung? Haben Sie schon einmal eine Empfangsbestätigung oder eine Zahlungsanzeige verlangt oder verschickt? Sprechen Sie zu zweit und berichten Sie dann im Kurs.**

3   **Hatten Sie schon einmal Probleme beim Wareneingang? Haben Sie schon einmal eine Empfangsbestätigung geschrieben? Sprechen Sie zu zweit und berichten Sie im Kurs.**

Textbeispiele

Gasturbinen Mannheim GmbH · Postfach 10 43 · 71029 Böblingen

Akkumulatorenfabrik
Sonnenschein AG
Berliner Str. 20–22
31789 Hameln

GASTURBINEN
Mannheim GmbH

Hauserstraße 10   Postfach 10 43
71032 Böblingen   71029 Böblingen

Telefon: 0 70 31 23 41-0
Telefax: 0 70 31 23 41-265

www.gasturbinenmannheim.de
info@gasturbinenmannheim.de

Empfangsbestätigung mit Zahlungsanzeige   11.03.20..

Sehr geehrte Damen und Herren,

der von uns bestellte Prototyp Ihrer neuen Hochtemperaturbatterie ist heute unbeschädigt
bei uns eingetroffen. Vielen Dank für die schnelle Lieferung. Der Rechnungsbetrag in Ihrer
Rechnung Nr. 32789-15 vom 07.03.20.. in Höhe von EUR ... wird noch heute auf Ihr Konto
IBAN DE03 2546 2160 0307 0688 53, BIC GENODEF1HMP
bei der Volksbank Hameln überwiesen.

Mit freundlichen Grüßen
Gasturbinenfabrik Mannheim GmbH
Produktfeld Gasturbinentechnik

Sollinger

i.A. Manfred Sollinger

Bankhaus Dreyer & Co., Böblingen
IBAN DE72 5043 0300 3670 0589 63
BIC DREYDEFF987
Amtsgericht Böblingen HRB 50303
Geschäftsführer: Hans Meiser
UST(VAT)-ID-Nr. DE 129 030 446

An: info@hofmue.de

Betreff: Empfangsbestätigung mit Zahlungsanzeige

Sehr geehrte Damen und Herren,

wir bedanken uns für Ihre am 01.12.20.. angekündigte Lieferung,
die gestern in gutem Zustand bei uns eingetroffen ist.
Der Rechnungsbetrag – Rechnungsnr. 8796 – in Höhe von
EUR ... wurde heute auf Ihr Konto CH31 8123 9000 8556 2453 02,
BC-Nummer 6300, BIC VABECH22XXX bei der Postbank
Zollikofen überwiesen.

Mit freundlichen Grüssen
Fröhlich AG
i. V. Hans Hügli

....

Fröhlich AG
Elektrogrosshandlung
Industriestrasse 10–12
CH-3052 Zollikofen
Tel. 031–35114, Fax 031–35112

A Formulierungstraining

A1 **Welche Sätze haben eine ähnliche Bedeutung? Ordnen Sie zu.**

1 Ihre Rechnung über EUR … bezahlen wir per Überweisung.

2 Für die schnelle Zustellung der Ware sind wir Ihnen dankbar.

3 Ihre Lieferung ist gestern in einwandfreiem Zustand bei uns eingetroffen.

4 Leider stimmen die in der Rechnung aufgeführte Menge und die tatsächliche Liefermenge nicht überein.

A Vielen Dank für Ihre schnelle Lieferung.

B Wir haben Ihre Sendung inzwischen unbeschädigt erhalten.

C Wir überweisen den Rechnungsbetrag in Höhe von EUR … auf Ihr Konto.

D Sie haben eine größere Warenmenge berechnet, als wir erhalten haben.

A2 **Ergänzen Sie.**

abgezogen • angekommen • deshalb • erhalten • genannte • Rechnungsbetrag • Rechnungs-Nr. • stimmt … überein • tatsächlichen • Überweisung • wird … veranlasst

Sehr geehrte Frau Lamers,

vielen Dank für Ihre Lieferung, die wir gestern zusammen mit der Rechnung

(_____ (1) 2176/1) _____ (2) haben. Sie ist gut _____ (3).

Allerdings _____ (4) die in der Rechnung _____ (5) Menge nicht mit der

_____ (6) Liefermenge _____.

Wir haben _____ (7) vom _____ (8) EUR … _____ (9).

Eine _____ (10) in Höhe von EUR … _____ noch heute _____ (11).

Mit freundlichen Grüßen

B Grammatik

Passiv

Man benutzt das Passiv, wenn bei einer Information die Handlung im Vordergrund steht – die handelnde Person ist in diesem Fall entweder unbekannt oder nicht so wichtig. Wenn Sie Ihre Korrespondenz formulieren, sollten Sie aber sparsam mit dem Passiv umgehen. Die Formulierungen im Aktiv wirken meist persönlicher, direkter und lebendiger.

Aktiv	*Wir begleichen die Rechnung per Überweisung.*	*Wir haben die Ware kostenfrei zugestellt.*
Passiv	*Die Rechnung wird per Überweisung beglichen.*	*Die Ware ist kostenfrei zugestellt worden.*

Bildung des Passivs: *werden* + Partizip II

Präsens	*Die Ware wird zugesandt.*
Präteritum	*Die Ware wurde zugesandt.*
Perfekt	*Die Ware ist zugesandt worden.*

Die Form im Passiv Perfekt ist *worden* (nicht: *geworden*).

Das Akkusativ-Objekt des Aktiv-Satzes wird zum Subjekt des Passiv-Satzes.

Aktiv　　　*Wir überweisen **den Rechnungsbetrag** noch heute an Sie.*
Passiv　　　***Der Rechnungsbetrag** wird noch heute an Sie überwiesen.*

Wenn der Aktiv-Satz kein Akkusativ-Objekt hat, steht im Passiv auf Position 1 ein anderer Satzteil. Das Verb steht dann in der 3. Person Singular. Gibt es keinen Satzteil, der auf Position 1 stehen kann, steht *es* an dieser Position.

Aktiv　　　*In unserer Firma arbeitet man am Wochenende nicht.*
Passiv　　　*In unserer Firma wird am Wochenende nicht gearbeitet.*
　　　　　　Am Wochenende wird in unserer Firma nicht gearbeitet.
　　　　　　***Es** wird nicht gearbeitet.*

Wenn das Subjekt des Aktiv-Satzes im Passiv-Satz wichtig ist, wird es mit *von* + Dativ (Person, Institution) oder *durch* + Akkusativ (Instrument) genannt.

Aktiv　　　*Wir beachten Ihre Anweisungen genau.*
Passiv　　　*Ihre Anweisungen werden **von uns** genau beachtet.*
Aktiv　　　*Unser Newsletter informiert Sie regelmäßig über aktuelle Entwicklungen.*
Passiv　　　***Durch unseren Newsletter** werden Sie regelmäßig über aktuelle Entwicklungen informiert.*

Man wird im Passiv nicht verwendet.

B1　**Formulieren Sie Passiv-Sätze. Achten Sie dabei auch auf die Zeitform.**

1　Morgen eröffnet man die Hannover-Messe.
2　Auf der SYSTEMS stellen wir die neuesten Produkte vor.
3　Wir haben Sie umgehend über unsere
　　Neuentwicklung informiert.
4　Die Versandabteilung verpackt die Waren sorgfältig.
5　Unsere Buchhaltung sendet Ihnen den Vertrag zu.
6　Den Rechnungsbetrag überweisen wir auf Ihr Konto.
7　Wir haben die Rechnung per Überweisung bezahlt.
8　Ihre Buchhaltung hat uns zu viel berechnet.

B2　**Formulieren Sie im Aktiv.**

1　Der Kopierer wird morgen von unserem
　　Kundendienst repariert.
2　Die Bestellung wird von uns so schnell wie
　　möglich ausgeführt.
3　Bei Bezahlung innerhalb von zwei Wochen
　　werden von uns 2 % Skonto abgezogen.
4　Ihre Sonderwünsche sind berücksichtigt worden.
5　Ihre Kundendaten werden durch ein
　　Passwort geschützt.

Passiv mit Modalverben

		Modalverb		Infinitiv
Aktiv	Wir	können	die Ware heute noch	liefern.
Passiv	Die Ware	kann	heute noch	geliefert werden. (Präsens)
	Die Ware	konnte	bereits gestern	geliefert werden. (Präteritum)

B3 **Formulieren Sie im Passiv. Achten Sie dabei auf die Zeitform.**

1 Leider müssen wir unsere Bestellung vom 18.05. widerrufen.
2 Wir können Ihren Auftrag nicht ausführen.
3 Wir müssen an der Lösung weiterarbeiten.
4 Den Termin muss man unbedingt einhalten.
5 Wir konnten den Zahlungseingang nicht bestätigen.

B4 **Formulieren Sie im Aktiv.**

1 Die Abteilung muss endlich umstrukturiert werden.
2 Der Termin kann nicht weiter hinausgeschoben werden.
3 Mit dem neuen Kopierer kann schon gearbeitet werden.
4 Dieser Vorschlag muss von uns unbedingt überprüft werden.
5 Die Frist kann von uns leider nicht verlängert werden,
   wenden Sie sich dazu bitte an die Buchhaltung.

Passiv-Ersatz

Man kann eine passivische Bedeutung auch durch Ersatzformen ausdrücken. Diese Konstruktionen haben zusätzlich eine modale Bedeutung, die im Passiv meistens durch das Modalverb *können* ausgedrückt wird.

sein + *zu* + Infinitiv	Passiv-Konstruktionen
Die Schwierigkeiten sind nicht zu vermeiden.	Die Schwierigkeiten können nicht vermieden werden.
lassen + *sich* + Infinitiv	
Der Termin lässt sich auf nächste Woche verschieben.	Der Termin kann auf nächste Woche verschoben werden.
Adjektivendung *-bar*	
Der Termin ist nicht verschiebbar.	Der Termin kann nicht verschoben werden.
Adjektivendung *-lich*	
Das ist ein unverkäufliches Warenmuster.	Das Warenmuster kann/darf nicht verkauft werden.

B5 **Formulieren Sie Sätze mit Passiv-Ersatzformen. Achten Sie auf die Zeitform.**

1 Dieser Mail-Anhang kann nicht geöffnet werden. (*sich lassen* + Infinitiv)
2 Frau Mayers Idee kann leider nicht realisiert werden. (*sein + zu* + Infinitiv)
3 Endgültig können die Kosten erst am Quartalsende kalkuliert werden. (*sich lassen* + Infinitiv)
4 Diese freie Stelle muss neu besetzt werden. (*sein + zu* + Infinitiv)
5 Der Fehler konnte nicht auf den ersten Blick nicht erkannt werden. (*sein + zu* + Infinitiv)

B6 **Ergänzen Sie -lich. Achten Sie dabei auf mögliche Endungen.**

1 Benzin ist eine leicht entzünd_____ Flüssigkeit.
2 Das ist eine völlig unverständ_____ Gebrauchsanweisung.
3 Bitte Vorsicht! Es handelt sich um zerbrech_____ Material.
4 Die Ausstellungsstücke sind leider unverkäuf_____.
5 Aus unerklär_____ Gründen hat Herr Neumann einen unserer besten Kunden laut beschimpft.

B7 **Ergänzen Sie Adjektive auf -bar. Achten Sie dabei auf mögliche Endungen.**

1 (zahlen) _____ innerhalb von zwei Wochen
2 Vielen Dank für den (brauchen) _____ Hinweis.
3 Der neue Plan ist auf jeden Fall (durchführen) _____.
4 Die neue Maschine ist mit dem Vorgängermodell nicht (vergleichen) _____.
5 Unser Außendienstmitarbeiter ist jeden Montag unter der angegebenen Telefonnummer (erreichen) _____.

C   Schreibtraining

- Erwähnen Sie, wann und in welchem Zustand Sie die Ware erhalten haben.
- Bedanken Sie sich, wenn Sie mit der Lieferung zufrieden waren.
- Weisen Sie auf eventuelle Differenzen zwischen der berechneten und gelieferten Menge hin.
- Informieren Sie den Lieferanten, wann und wie Sie bezahlen werden.

C1 **Schreiben Sie einen Brief.**

Sie sind:	Weingroßhandlung Reisch, Augsburg, Deutschland
Sie schreiben an:	Sherry-Exporteur Buergo, Sevilla, Spanien
Sie wollen:	den Empfang von 200 Flaschen Sherry bestätigen;
	die Rechnung wird per Überweisung beglichen

C2 **Schreiben Sie eine E-Mail.**

Sie sind:	Spielzeuggeschäft Pinocchio, Bari, Italien
Sie schreiben an:	Spielzeughersteller Troll, Hirschhorn, Deutschland
Sie wollen:	die Lieferung von 500 Holzzwergen bestätigen; laut Rechnung sind es aber
	550 Zwerge. Die Zahlung soll per Überweisung erfolgen.

Lieferverzögerung: Mahnung, Antwort auf eine Mahnung

Manchmal kommt es vor, dass Ihr Lieferant nicht rechtzeitig liefert. Wenn Sie mit ihm ursprünglich einen festen Liefertermin vereinbart hatten, kommt er somit „in Verzug". Bei der *Lieferverzögerung* gibt es eine Ausnahme: Wenn Ihr Lieferant nicht verantwortlich ist, spricht man von „höherer Gewalt". Bei nicht erfolgter Lieferung schicken Sie dem Lieferanten eine *Mahnung*. In Ihrem Mahnschreiben können Sie

- verlangen, dass die Firma ihre Lieferpflichten erfüllt und – wenn vertraglich festgehalten – zusätzlich Schadenersatz (Pönale) zahlt.

- in der letzten Mahnung eine angemessene Nachfrist setzen und darauf hinweisen, dass Sie nach Ablauf dieser Frist die Ware nicht mehr annehmen.

Wenn Ihr Lieferant dann immer noch nicht liefert, dürfen Sie vom Vertrag zurücktreten oder Schadenersatz fordern. Ein guter Lieferant lässt es aber gar nicht erst so weit kommen, um den Schaden für beide Seiten zu begrenzen.

1 **Wie könnte ein Lieferant mit einer Lieferverzögerung angemessen umgehen? Kreuzen Sie die fünf richtigen Punkte an.**

1 ○ Er gibt bekannt, wann er liefern kann.
2 ○ Er entschuldigt sich und nennt die Gründe.
3 ○ Er bespricht sich mit seinem Rechtsanwalt.
4 ○ Er gibt offen zu, wenn er überhaupt nicht liefern kann.
5 ○ Er räumt vielleicht von sich aus eine Sonderkondition ein.
6 ○ Er berichtet von Lieferverzögerungen, die er selbst schon erlebt hat.
7 ○ Er teilt dem Kunden Lieferverzögerungen so schnell wie möglich mit.

2 **Haben Sie oder Ihre Firma schon einmal Probleme bekommen, weil eine Lieferung nicht rechtzeitig eingetroffen ist? Welcher Art waren die Probleme? Wie haben Sie die Probleme gelöst? Sprechen Sie zu zweit und berichten Sie dann im Kurs.**

Textbeispiele

PINKUS-VERSAND
KATZENARTIKEL GMBH

Pinkus-Versand   Postfach 135   84070 Au

Mizzi GmbH
Friedbergstr. 156
86163 Augsburg

Unsere Bestellung vom 16.03.20..

15.06.20..

Sehr geehrte Damen und Herren,

am 16.03.20.. haben wir bei Ihnen 250 Katzentoiletten vom Typ Cat-Clean 2000 bestellt.
Sie haben uns die Lieferung bis zum 30.04.20.. fest zugesagt. Als wir die Lieferung am
15.05.20.. anmahnten, rief uns Herr Magdeburger an und versprach uns, bis Ende Mai auf
jeden Fall zu liefern. Bis heute haben wir nichts erhalten. Da wir einigen unserer Kunden die
Lieferung fest zugesagt haben, bringen Sie uns in große Schwierigkeiten. Wir setzen Ihnen
eine Nachfrist bis zum 30.06.20.. Sollten Sie bis dahin nicht liefern, werden wir die Annahme
verweigern und auf einen anderen Lieferanten zurückgreifen. Die Mehrkosten werden wir
Ihnen dann in Rechnung stellen. Wir hoffen sehr, dass Sie alles unternehmen werden, um
unsere guten Geschäftsbeziehungen nicht zu gefährden.

Mit freundlichen Grüßen
Pinkus-Versand
Vertrieb

Fred Burger

i.A. Fred Burger

Postfach 135, 84070 Au
Hauptstr. 18-20, 84072 Au

Telefon 08752 2250-0
Fax 08752 2250-48

E-Mail info@pinkus-versand.de
www.pinkus-versand.de

Amtsgericht Au HRB 2347
Geschäftsführer:
Dr. Alexander Scholz

Auto Bieler GmbH & Co. KG

Stäblistraße 13   81473 München   Telefon 089 79138-84   Telefax 089 79138-80   www.autobieler.de

Auto Bieler GmbH & Co.KG · Stäblistraße 13 · D-81473 München

Autolatina S.A.
Humberto 1 No 1010
(1689) Villa Dosch
BUENOS AIRES
ARGENTINA

02.11.20..

**Auftrag Nr. 2080 L/87 über die Lieferung von 10 EMW E 280,
Akkreditiv 463875 mu/d**

Sehr geehrte Damen und Herren,

bitte verlängern Sie o. g. Akkreditiv um einen Monat. Die Verlängerung wird
notwendig, da wir für die Umrüstung auf die südamerikanischen Märkte auf
Zulieferteile von Unterlieferanten angewiesen sind. Wir haben diese nicht fristgerecht erhalten, sodass wir nicht Ende November, sondern erst Anfang Januar
nächsten Jahres liefern können.

Wir sind uns im Klaren darüber, dass wir Ihnen mit dieser Bitte zusätzliche
Kosten verursachen und für Sie Schwierigkeiten mit Ihren Kunden entstehen.
Als langjährigen Kunden und Großabnehmer für den südamerikanischen
Raum bitten wir Sie um Verständnis. Als Entschädigung bieten wir Ihnen einen
einmaligen Sondernachlass von 0,3 % pro Auto an.

Mit freundlichen Grüßen
Bieler GmbH & Co. KG

Petra Renner

i.A. Petra Renner
p.renner@autobieler.de

A Formulierungstraining

A1 Was passt zusammen? Ordnen Sie zu.

1 Ihr Lieferverzug
2 Wir setzen Ihnen
3 Wegen Ihres Verzugs
4 Aufgrund Ihrer festen Zusage
5 Teilen Sie uns bitte unverzüglich mit,
6 Wir werden dann vom Vertrag zurücktreten
7 Am 17.01.20.. haben wir Müllcontainer bestellt
8 Unsere Bestellung vom 28.02.20.. haben Sie bestätigt

A eine Nachfrist bis zum 01.06.20..
B wann die Ware spätestens bei uns eintrifft.
C bringt uns in eine sehr unangenehme Lage.
D und um Lieferung bis zum 18.03.20.. gebeten.
E und die Lieferung bis zum 30.04.20.. zugesagt.
F oder Schadenersatzansprüche geltend machen.
G müssen wir einen wichtigen Kunden enttäuschen.
H haben wir unseren Kunden pünktliche Lieferung versprochen.

A2 Ergänzen Sie.

Bedarf • bedauern • befindet • Bescheid • beschleunigen • einhalten • Erdbeben • Fertigstellung • Forderung • geklärt • höherer • Lieferant • Nachfrist • Schaden • Schadenersatz • versichern • Verzögerung

... leider konnten wir die uns gesetzte _____ (1) nicht _____ (2). Der Grund für diese _____ (3) ist, wie Sie wissen, das schwere _____ (4) in Japan, wo sich ein wichtiger _____ (5) von uns _____ (6). Es war uns nicht möglich, unseren _____ (7) anderweitig zu decken. Da somit ein Fall _____ (8) Gewalt vorliegt, _____ (9) wir den Ihnen entstandenen _____ (10) zwar sehr, müssen aber jede _____ (11) auf _____ (12) ablehnen. Sobald sich die Lage _____ (13) hat, werde ich Ihnen _____ (14) geben. Ich kann Ihnen _____ (15), dass wir alles tun werden, um die _____ (16) der Geräte zu _____ (17).

A3 Nummerieren Sie die Satzteile in der richtigen Reihenfolge.

Herr Nehrut, Geschäftsführer einer Druckerei in Bombay, hat auf das Angebot eines bayerischen Produzenten mit einer Bestellung reagiert. Die zugesagte und bereits angemahnte Lieferung blieb aus.

Sehr geehrter Herr Vorderhuber,

am 19.04.20.. haben wir bei Ihnen ◯ Die Lieferung ist aber ◯ dass wir die Anlage bis spätestens 30.06.20.. benötigen. ◯ In unserem Auftrag haben wir ◯ Sie haben uns diesen Termin ◯ immer noch nicht bei uns eingetroffen. ◯ ausdrücklich darauf hin gewiesen, ◯ am 28.04.20.. auch bestätigt. ◯ eine Druckmaschine vom Typ 3022 WX bestellt. ◯ vertragliche Verpflichtungen haben, ◯ Da wir gegenüber zahlreichen Kunden ◯ sind wir bereits in große Schwierigkeiten geraten. Auf eine Mahnung vom 01.07.20.. ◯ eine Nachfrist bis zum 31.08.20.. ◯ Sollten Sie bis dahin nicht liefern, ◯ haben Sie nicht reagiert. ◯ Für eventuelle Mehrkosten und den bis dahin entstandenen Schaden ◯ werden wir einen anderen Hersteller beauftragen. ◯ Deshalb setzen wir Ihnen hiermit ◯ werden wir Sie haftbar machen.

Mit freundlichen Grüßen

dass-Sätze

*Es freut uns, **dass** Sie unsere Lage verstehen.*
*Wir hoffen, **dass** Sie bis Ende Mai liefern können.*
*Wir verlassen uns darauf, **dass** Sie rechtzeitig liefern.*

dass-Sätze sind Nebensätze, das Verb steht am Ende.
Der *dass*-Satz kann auch auf Position 1 des Hauptsatzes stehen.

***Dass** Sie unsere Lage verstehen, freut uns.*

B1 **Antworten Sie und benutzen Sie dabei Pronomen.**

1 Wir liefern den Schrank morgen. – Schön, *dass Sie ihn morgen liefern.*
2 Der Kundendienst kommt heute. – Schön, …
3 Die Versandabteilung ist geschlossen. – Schade, …
4 Herr Möllemann, Sie haben den Termin verpasst. – Zu dumm, …
5 Die Firma schickt die Waren heute noch ab. – Schön, …
6 Frau Roth hat den Direktor nicht erreicht. – Wie ärgerlich, …
7 Unsere Buchhaltung überweist den Betrag noch heute. – Gut, …
8 Ich habe das Zusatzmaterial extra markiert. – Prima, …
9 Die Firma hat den Abteilungsleiter informiert. – Gut, …
10 Unser Sonderangebot gilt leider nicht mehr. – Sehr schade, …

Infinitivkonstruktionen

***Wir** hoffen, dass **wir** keine Probleme bekommen.*
Subjekt Hauptsatz = Subjekt Nebensatz → Infinitivkonstruktion:
*Wir hoffen keine Probleme **zu bekommen**.*

*Ich bitte **den Lieferanten**, dass **er** heute anruft.*
Objekt (Person) Hauptsatz = Subjekt Nebensatz → Infinitivkonstruktion:
*Ich bitte den Lieferanten, heute **anzurufen**.*

***Es** ist wichtig, dass **man** Termine einhält.*
Unpersönliches Subjekt in Hauptsatz und Nebensatz → Infinitivkonstruktion:
*Es ist wichtig Termine **einzuhalten**.*
Bei trennbaren Verben steht *zu* zwischen dem Präfix und dem Verb *(einzuhalten)*.

Bei Modalverben steht *zu* zwischen dem Verb und dem Modalverb *(liefern **zu** können)*.
*Es tut uns leid, die Ware nicht rechtzeitig liefern **zu** können.*

Nach Verben wie *wissen, sagen, hören, sehen* kann man keine Infinitivkonstruktion bilden.

B2 Formulieren Sie Sätze mit einer Infinitivkonstruktion. Wenn das nicht möglich ist, formulieren Sie einen *dass*-Satz.

1 Frau Frische versucht – sie verbindet mich mit der Buchhaltung
2 Erinnere mich bitte daran – der Kunde will morgen früh vorbeikommen
3 Die Firma verlässt sich darauf – wir liefern noch in diesem Monat
4 Wir möchten Sie bitten – verlängern Sie das Zahlungsziel um einen Monat
5 Es ist uns möglich – wir können Ihnen eine längere Frist einräumen
6 Es ist schwierig – man gewinnt einen enttäuschten Kunden zurück
7 Frau Gerber weiß – sie muss den Chef informieren
8 Es freut uns – wir können Ihnen mitteilen – unser neues Produkt ist auf dem Markt
9 Wir haben Sie ausdrücklich darauf hingewiesen – unsere Produktionsabteilung benötigt die Lieferung Ende des Monats

Zukunft – Futur

Unser Werbeassistent **besucht** *Sie* **morgen.**
Wir **liefern** *erst* **Anfang nächsten Jahres.**
Ich **gebe** *Ihnen* **bald** *Bescheid.*

Um auszudrücken, dass ein Sachverhalt in der Zukunft stattfindet, wird im Deutschen meistens das Präsens in Verbindung mit einer Temporalangabe benutzt.

Feste Absicht: *werden + Infinitiv*
Sollten Sie nicht pünktlich liefern, **werden** *wir die Annahme* **verweigern.**
Die Mehrkosten **werden** *wir Ihnen in Rechnung* **stellen.**

Hier wird mit dem Futur nicht nur eine zukünftige Handlung ausgedrückt, sondern gleichzeitig die feste Absicht der handelnden Person betont.

B3 Bilden Sie Sätze nach folgendem Beispiel.

1 Wir haben die Absicht, von dem Vertrag zurückzutreten. *Wir werden von dem Vertrag zurücktreten.*
2 Wir beabsichtigen alles zu tun, um die Fertigung zu beschleunigen.
3 Wir haben vor, Sie haftbar zu machen.
4 Wir haben die Absicht, Ihnen so bald wie möglich Bescheid zu geben.
5 Ich habe vor, die Geschäftsleitung zu informieren.
6 Wir haben die feste Absicht, den Termin einzuhalten.
7 Ich habe vor, Sie sofort zu informieren.
8 Wir haben die Absicht, Schadenersatz geltend zu machen.
9 Unsere Firma hat den Plan, auf einen anderen Lieferanten zurückzugreifen.
10 Der Prokurist beabsichtigt, den Vertrag zu unterschreiben.

Vermutung: *werden (+ wohl / vermutlich / wahrscheinlich)* + Infinitiv
Herr Heller wird (wohl) in der Buchhaltung sein.
Frau Brummer wird (vermutlich) nach Spanien geflogen sein.
Herr Müller wird die Waren (wahrscheinlich) schon bestellt haben.
Für die Vergangenheit verwendet man *werden* + Infinitiv Perfekt *(geflogen sein / bestellt haben).*

B4 **Bilden Sie Sätze nach folgendem Beispiel.**

1 Ich befürchte, dass Tom krank ist. (wohl) *Tom wird wohl krank sein.*
2 Ich glaube, dass mein Kollege heute Nachmittag im Büro ist. (wohl)
3 Wir nehmen an, dass die Firma Terminschwierigkeiten hat. (vielleicht)
4 Ich denke, dass der Filialleiter auch zur Konferenz kommt. (wahrscheinlich)
5 Ich vermute, dass sich die Firmenleitung an die Vereinbarung hält. (wohl)
6 Ich bin ziemlich sicher, dass der Betriebsrat zu diesem Problem ausführlich Stellung nimmt. (vermutlich)

B5 **Bilden Sie Sätze nach folgendem Beispiel.**

1 Ich glaube, dass Anna den Text schon korrigiert hat. (wahrscheinlich)
   Anna wird den Text wahrscheinlich schon korrigiert haben.
2 Ich glaube, dass Herr von Asten den Vertrag unterschrieben hat. (wohl)
3 Ich vermute, dass Tamara die E-Mail schon beantwortet hat. (vermutlich)
4 Wir nehmen an, dass die Geschäftspartner eine Vereinbarung getroffen haben. (wohl)
5 Die Assistentin glaubt, dass das Flugzeug vom Chef schon gelandet ist. (wahrscheinlich)
6 Ich denke, dass der Abteilungsleiter unsere Unterlagen bekommen hat. (vermutlich)

C   Schreibtraining

Wenn Sie mahnen:
- Beziehen Sie sich auf Ihre Bestellung sowie den ursprünglichen Liefertermin.
- Begründen Sie, warum die Verzögerung für Sie so nachteilig ist.
- Setzen Sie Ihrem Lieferanten eine Nachfrist.
- Nennen Sie die möglichen Konsequenzen.

Wenn Sie selber in Verzug sind:
- Teilen Sie dem Kunden am besten selbst mögliche Verzögerungen mit, bevor er Sie mahnt.
- Formulieren Sie Ihr Bedauern und schreiben Sie, warum Sie nicht rechtzeitig liefern konnten.
- Nennen Sie einen neuen Liefertermin.
- Drücken Sie persönliches Engagement aus.

C1 **Schreiben Sie eine E-Mail.**

Sie sind:	Bestattungsunternehmen *Ruhe in Frieden*
Sie schreiben an:	Kunstschreinerei Nagel
Sie wollen:	Lieferung von 140 Eichensärgen anmahnen

C2 **Beantworten Sie die E-Mail aus C1.**

Sie sind:	Kunstschreinerei Nagel
Sie schreiben an:	Bestattungsunternehmen *Ruhe in Frieden*
Sie wollen:	die telefonisch vereinbarte Lieferung auf obige Mahnung hin bestätigen

Reklamation, Antwort auf eine Reklamation

Haben Sie sich nicht auch schon darüber geärgert, dass Sie eine Lieferung mit Mängeln erhalten haben? Meistens liegen die Mängel in der Art (Sie haben die falsche Ware bekommen), Menge (Sie haben zu viel oder zu wenig erhalten) oder der Qualität (die Ware ist verdorben oder beschädigt).

Mängel sind ein Grund, sich beim Lieferanten zu beschweren (*Beanstandung*, *Reklamation*). Man nennt dies *Mängelrüge*. Beachten Sie, dass auch Sie Pflichten haben: Sie müssen die angelieferte Ware sofort prüfen.

1 **Was können Sie im Falle einer Mängelrüge vom Lieferanten verlangen? Kreuzen Sie die fünf richtigen Punkte an.**

Der Lieferant soll ...

1 ◯ die Ware reparieren.
2 ◯ Schadenersatz leisten.
3 ◯ Ersatzware liefern (Umtausch).

4 ◯ den Vertrag rückgängig machen (Wandlung).
5 ◯ Ihnen einen Preisnachlass gewähren (Minderung).
6 ◯ Ihnen künftige Lieferungen ohne Mängel garantieren.
7 ◯ die Kosten für einen neutralen Gutachter übernehmen.

Wie reagieren Sie, wenn Sie selber Lieferant sind und von einem Kunden eine *Mängelrüge* erhalten? Prüfen Sie diese Reklamation genau. Finden Sie heraus, ob sie berechtigt ist. Entschuldigen Sie sich beim Kunden und bringen die Angelegenheit schnell in Ordnung. Ist die Reklamation nicht berechtigt, dann weisen Sie die Beschwerde höflich zurück. Manche Fälle sind zweifelhaft. Zeigen Sie sich kulant, denn einen guten Kunden verliert man nicht gern.

2 **Wie reagieren Sie, wenn Sie eine Reklamation für nicht berechtigt halten? Kreuzen Sie die beiden richtigen Punkte an.**

1 ◯ Begründen Sie, warum die Beschwerde nicht berechtigt ist.
2 ◯ Unterstreichen Sie, dass Sie die Beschwerde sorgfältig geprüft haben.
3 ◯ Weisen Sie auf Fälle hin, bei denen die Beschwerde nicht berechtigt war.
4 ◯ Verlangen Sie vom Kunden genaue Angaben über die festgestellten Mängel.

3 **Haben Sie oder Ihre Firma schon einmal eine Reklamation erhalten? Wie haben Sie reagiert? Wie hat der Kunde reagiert? Sprechen Sie zu zweit und berichten Sie dann im Kurs.**

MODEHAUS WERNER

Textilfabrik Bussart AG
Frau Hagen
Werinherstr. 15
83644 München

Modehaus Werner GmbH & Co. KG
Am Schlosswall 6, 24959 Lübeck
Postfach 1203, 24963 Lübeck

Telefon 0451 36521-0
Telefax 0451 36521-36
Internet: www.modehaus-werner.de
E-Mail: info@modehaus-werner.de

Sparkasse zu Lübeck
BIC: NOLADE21SPL
IBAN: DE31 2305 0101 0009 0986 46
Amtsgericht Flensburg: HRB 8931
Geschäftsführer: Felix Dannhäuser

Ihre Lieferung vom 10.06.20..   20.06.20..

Sehr geehrte Frau Hagen,

wir haben Ihre Sendung vom 10.06.20.. erhalten. Leider haben
20 der gelieferten Sakkos kleine Webfehler. Wir werden versuchen,
sie zu reduzierten Preisen trotzdem zu verkaufen und schlagen
Ihnen deshalb vor, dass Sie uns auf die gesamte Sendung einen
Preisnachlass von 10 % gewähren.

Bitte teilen Sie uns mit, ob Sie mit diesem Vorschlag einverstanden
sind. Wenn nicht, werden wir Ihnen die schadhaften Exemplare
zurückschicken.

Mit freundlichen Grüßen
Modehaus Werner GmbH & Co. KG

i.A. Paul Kristofferson
paul.kristofferson@modehaus-werner.de

Textilfabrik Bussart AG

Textilfabrik Bussart AG · Postfach 3603 · 83641 München

Modehaus Werner GmbH & Co. KG
Herrn Kristofferson
Postfach 1203
24959 Flensburg

                                                23.06.20..

Ihr Schreiben vom 20.06.20..

Sehr geehrter Herr Kristofferson,

vielen Dank für Ihr Schreiben vom 20.06.20.. . Es tut uns sehr leid, dass Sie mit
einem Teil unserer Lieferung nicht zufrieden sind. Bei unserem Stofflieferanten
hat es einige technische Probleme gegeben, die wir selbst leider nicht rechtzeitig bemerkt haben. Wir müssen daher die von Ihnen festgestellten Mängel
bestätigen. Mit Ihrem Vorschlag, dass Sie auf die gesamte Sendung einen Preisnachlass von 10 % erhalten, sind wir einverstanden.

Mit freundlichen Grüßen
Textilfabrik Bussart AG

ppa. Claudia Hagen
claudia.hagen@bussart.com

A Formulierungstraining

A1 **Welche Sätze haben eine ähnliche Bedeutung? Ordnen Sie zu.**

1 Wir danken Ihnen für die Lieferung.

2 Sie haben sich in der Stückzahl geirrt.

3 Bei einem Preisnachlass von 10 % behalten wir die Ware.

4 Ich hoffe, dass wir uns schnell auf eine Lösung einigen können.

5 Wir schicken Ihnen die mangelhaften Exemplare zurück und bitten Sie um Ersatz.

6 Leider mussten wir feststellen, dass die gelieferte Ware folgende Mängel aufweist:

A Die Sache lässt sich hoffentlich schnell bereinigen.

B Wir bestätigen dankend den Erhalt Ihrer Lieferung.

C Von diesem Artikel haben Sie zu viele Exemplare geliefert.

D Die beschädigten Exemplare sollten so schnell wie möglich ersetzt werden.

E Die Warensendung stimmt in einigen Punkten nicht mit Ihrem Angebot überein:

F Wenn Sie einen Preisnachlass auf die gesamte Lieferung gewähren, betrachten wir die Angelegenheit als erledigt.

A2 **Setzen Sie die fehlenden Wörter ein.**

abgelaufen • allerdings • erforderlichen • festgestellten • Garantiezeit • hinweisen •
Kosten • leid • Mängel • Obwohl • Regelung • vorbeizuschicken

Sehr geehrte Damen und Herren,

wir haben Ihr Schreiben vom 26.04.20.. erhalten. Es tut uns _____ (1), dass Sie mit Ihrem Whirlpool *Taifun 3000* solche Probleme haben.

Wir müssen Sie _____ (2) darauf _____ (3), dass die _____ (4) bereits _____ (5) ist. _____ (6) wir also nicht dazu verpflichtet wären, sind wir bereit, Ihnen unseren Techniker _____ (7). Er wird die von Ihnen _____ (8) _____ (9) prüfen und die _____ (10) Reparaturen auf unsere _____ (11) durchführen.

Ich hoffe, Sie sind mit dieser _____ (12) einverstanden.

Mit freundlichen Grüßen

B Grammatik

Indirekte Fragesätze

direkte Frage	indirekte Frage
Wann kommt die Lieferung bei uns an?	*Bitte teilen Sie uns mit, **wann** die Lieferung bei uns ankommt.*
An wen haben Sie die E-Mail geschickt?	*Bitte sagen Sie uns, **an wen** Sie die E-Mail geschickt haben.*

Die Fragewörter und Präpositionen *(wann, an wen)* der direkten Frage werden auch bei der indirekten Frage verwendet. Wenn es in der direkten Frage kein Fragewort gibt, dann steht in der indirekten Frage *ob*.

Sind Sie mit dem Vorschlag einverstanden?	*Bitte teilen Sie uns mit, **ob** Sie mit dem Vorschlag einverstanden sind.*

Die indirekten Fragesätze sind Nebensätze, das konjugierte Verb steht am Ende. Indirekte Fragesätze haben kein Fragezeichen.

B1 Forumulieren Sie indirekte Fragen.

1 Wir möchten wissen, _____

_____

(warum / Sakkos / haben / kleine / Webfehler)

2 Ich möchte wissen, _____

_____

(Sie / uns / ob / können / Preisnachlass / geben)

3 Bitte teilen Sie uns mit, _____

(Sie / ob / mit dem Vorschlag / sein / einverstanden)

4 Geben Sie uns bitte Bescheid, _____.

(wir / wo / können / Ware / in Empfang nehmen)

5 Teilen Sie uns bitte mit, _____

_____.

(Mehrwertsteuersatz / wie hoch / sein / auf diese Ware)

6 Bitte informieren Sie uns so bald wie möglich, _____

_____.

(Sie / ob / Auftrag / wollen / bestätigen)

B2 Antworten Sie mit indirekten Fragesätzen.

1 Hat die Firma die Rechnung schon geschickt? –
   Ich weiß leider nicht, *ob die Firma die Rechnung schon geschickt hat.*

2 Welche Lieferfrist hat die Firma? – Ich habe keine Ahnung, ...

3 Ist die Garantiezeit schon abgelaufen? – Ich sehe gleich mal nach, ...

4 Mit wem haben Sie denn gesprochen? – Ich kann Ihnen leider nicht sagen, ...

5 Kommt die Lieferung noch in dieser Woche? – Ich weiß nicht, ...

6 Wurde die Bestellung rückgängig gemacht? – Ich werde mich danach erkundigen, ...

7 In welcher Farbe haben wir die Hemden bestellt? – Ich sehe mal nach, ...

8 Müssen wir die Reparatur auf unsere Kosten durchführen? – Ich weiß auch nicht, ...

Konzessivsätze

Konzessivsätze antworten auf die Frage: *Trotz welchen Grundes? Trotz welcher Umstände?*

Situation	Gegengrund
Wir übernehmen die Reparaturkosten,	*obwohl wir nicht dazu verpflichtet sind.*

Gegengrund	Situation
Obwohl wir nicht dazu verpflichtet sind,	*übernehmen wir die Reparaturkosten.*

Obwohl leitet einen Nebensatz ein, das Verb steht am Satzende.

Man kann diese Information auch mit *trotzdem / dennoch* ausdrücken:

Situation	unerwartete Folge
Wir sind nicht dazu verpflichtet,	*trotzdem / dennoch übernehmen wir die Reparaturkosten.*

Trotzdem / dennoch leiten einen Hauptsatz ein, das Verb steht an Position 2.
Der Satz mit *trotzdem / dennoch* muss an zweiter Stelle stehen.

B3 Ergänzen Sie *obwohl* oder abwechselnd *trotzdem / dennoch*.

1 Der Kopierer funktioniert nicht, _____ er schon oft repariert wurde.

2 Der Streik hat die Firma in Schwierigkeiten gebracht, _____ hält
die Firma den Liefertermin ein.

3 _____ die Garantiezeit abgelaufen ist, nehmen wir die beanstandeten Exemplare zurück.

4 Der Betrag ist noch nicht gutgeschrieben, _____ wir die Rechnung schon vor einer Woche
zur Zahlung angewiesen haben.

5 Sie haben uns die Zahlung schon lange zugesagt, _____ ist
Ihre Überweisung bisher noch nicht bei uns eingegangen.

B4 Verbinden Sie die Sätze zuerst mit *obwohl*, anschließend mit *trotzdem*.

1 Er ist ein guter Mitarbeiter. Er hat das letzte Projekt nicht gut koordiniert.

2 Die Firma ist nicht dazu verpflichtet. Sie gewährt einen Preisnachlass.

3 Wir haben ausdrücklich hellblaue Hemden bestellt. Sie haben dunkelblaue Hemden geliefert.

4 Ich habe schon mehrmals bei der Firma angerufen. Ich habe Herrn Friedrich noch nicht erreicht.

5 Die Ware ist bis heute noch nicht angekommen. Wir haben die Ware per Express geschickt haben.

---

schon – noch nicht / noch kein
noch – nicht mehr / kein … mehr

schon = früher als erwartet, bereits

*Die Firma liefert **schon** diese Woche.*

*Wir haben heute **schon** eine Zahlung erhalten.*

*Der Betrag ist **schon** auf unserem Konto eingegangen.*

noch nicht / noch kein

*Die Firma hat **noch nicht** geliefert.*

*Wir haben heute **noch keine** Zahlung erhalten.*

*Der Betrag ist **noch nicht** auf unserem Konto eingegangen.*

noch = später / länger als erwartet

*Tut mir leid, ich kann Sie nicht verbinden, der
Kollege telefoniert **noch**.*

*Wollen Sie **noch** etwas warten?*

*Wir haben für die Ausführung des Auftrags **noch**
viel Zeit.*

nicht mehr / kein … mehr

*Er telefoniert **nicht mehr**.*

*Wir können **nicht mehr** warten.*

*Wir haben für die Ausführung des Auftrags
keine Zeit **mehr**.*

B5 Formulieren Sie die Sätze negativ.

1 Ich habe die Firma schon angerufen.

2 Wir haben noch Formulare.

3 Der Kundendienst ist schon informiert.

4 Unser Lieferant hat noch weitere Fragen.

5 Wir haben schon einen Vertrag unterschrieben.

B6 Formulieren Sie die Sätze positiv.

1 Die Garantiezeit ist noch nicht abgelaufen.

2 Er hat keine weiteren Beanstandungen mehr.

3 Herr Merkel hat noch kein Angebot abgeschickt.

4 Der Mitarbeiter kommt heute nicht mehr zurück.

5 Der Vertrag kann nicht mehr rückgängig gemacht werden.

Wenn Sie eine Reklamation formulieren:

- Bestätigen Sie, dass Sie die Ware erhalten und geprüft haben.
- Benennen Sie die Mängel so präzise wie möglich.
- Fordern Sie den Lieferanten auf, Stellung zu nehmen und
- nehmen Sie eventuell Ihre Rechte als Käufer in Anspruch.

Wenn Sie selbst eine Reklamation erhalten:

- Betonen Sie, dass Sie die Einwände sorgfältig geprüft haben.
- Erkennen Sie die Reklamation an und entschuldigen Sie sich
- oder weisen Sie nach, dass die Beschwerde nicht berechtigt ist.
- Akzeptieren Sie den Vorschlag bzw. die Aufforderung des Kunden
- oder schlagen Sie selbst eine Lösung vor.

Hallo, Herr Heimleiter,

ich bin hier seit einer Woche, um mich von meinen vier Kindern und meinem Mann zu erholen. Ich muss sagen, dass ich Ihr Sauerkraut, das hier jeden zweiten Tag serviert wird, unmöglich finde. Ich esse Sauerkraut für mein Leben gern – auch jeden zweiten Tag –, aber nicht in dieser schlechten Qualität! Es ist nicht nur viel zu sauer, sondern es hat einen komischen Beigeschmack, der an einen feuchten Keller erinnert. Ich erwarte, dass Sie das sofort ändern!

Mit verärgerten Grüßen
Erika Müller

C1 **Schreiben Sie einen Brief an den Hersteller des Sauerkrauts.**

Sie sind:	Müttererholungsheim *Mother & Fun*, Mittenwald, Deutschland
Sie schreiben an:	Sauerkrauthersteller Stutental, Heidelberg, Deutschland
Sie wollen:	sich beschweren, dass die letzte Sauerkrautlieferung einen merkwürdigen Beigeschmack hatte.

C2 **Schreiben Sie außerdem eine freundliche Mail an die Mutter, Frau Müller.**

C3 **Schreiben Sie einen Brief, in dem Sie auf die Beschwerde antworten.**

Sie sind:	Sauerkrauthersteller Stutental
Sie schreiben an:	Müttererholungsheim *Mother & Fun*
Sie wollen:	die Beschwerde zurückweisen (Hinweis auf ein altes Hausrezept), den Kunden aber nicht verlieren

Zahlungsverzögerung: Mahnung, Antwort auf eine Mahnung

Wenn Ihr Kunde nicht rechtzeitig zahlt, dann schicken Sie ihm zunächst eine *Zahlungserinnerung*. Sie

- machen darin den Kunden auf den noch ausstehenden Rechnungsbetrag aufmerksam,
- fügen eventuell eine Rechnungskopie oder einen Kontoauszug bei und
- fordern den Kunden freundlich – aber bestimmt – zur Überprüfung und Zahlung auf.

Ist dieses Schreiben erfolglos, so beginnen Sie mit der eigentlichen *Mahnung* des Schuldners. Rechtlich fällig ist eine Rechnung seit 2014 sofort oder laut Vereinbarung nach maximal 60 Tagen, d. h. Sie können theoretisch schon frühzeitig zusätzlich zum geschuldeten Betrag eine *Mahngebühr*, sogenannte *Verzugszinsen* (Basiszinssatz + 9 %), und sogar einen *Schadenersatz* von pauschal 40 EUR oder in nachgewiesener Höhe in Rechnung stellen. In den *weiteren Mahnungen*, also bevor Sie die Angelegenheit einem Anwalt übergeben, werden Sie deutlicher. Sie

- beziehen sich auf die *Zahlungserinnerung* und, sofern geschrieben, auf die *vorangegangene(n) Mahnung(en)* – einschließlich der fälligen *Mahngebühr* –,
- setzen dem Kunden eine Frist, bis wann er den Betrag bezahlen soll, und
- kündigen bei Nichteinhaltung dieser Frist rechtliche Schritte an.

Bitte beachten Sie: Der Ton sollte zwar von *Mahnung* zu *Mahnung* immer bestimmter sein, aber trotzdem höflich bleiben. Sie wollen schließlich keinen Kunden verlieren.

1 **Was sollten Sie tun, wenn Sie selbst der Schuldner sind? Kreuzen Sie die drei richtigen Punkte an.**

1 ○ Sie leisten eine Teilzahlung und warten ab.
2 ○ Sie weisen darauf hin, dass Sie die Zahlung bereits veranlasst haben.
3 ○ Sie erinnern den Gläubiger daran, dass auch er abhängig von Ihnen ist.
4 ○ Sie bitten – falls Sie in finanziellen Schwierigkeiten sind – um Zahlungsaufschub.
5 ○ Sie teilen dem Gläubiger die Gründe für Ihren Zahlungsverzug mit und entschuldigen sich.

2 **Haben Sie einem Kunden schon einmal eine zweite oder dritte Mahnung geschrieben? Was haben Sie dabei beachtet? Sprechen Sie zu zweit und berichten Sie im Kurs.**

Textbeispiele

Sauter GmbH & Co. KG
Abt. M-EP
Postfach 1560
56805 Cochem

earthwind
DEUTSCHLAND

**earthwind deutschland
recycling gmbh**

bahnstraße 20 · 56841 traben-trarbach
postfach 301 · 56838 traben-trarbach
telefon 06541 43-0 · fax 06541 43-21
e-mail: info@earthwind.com
internet: www.earthwind.com

Mahnung   11.12.20..

Sehr geehrte Damen und Herren,

bei Durchsicht unserer Konten haben wir festgestellt, dass Sie die nachstehend aufgeführte
Rechnung trotz Zahlungserinnerung vom 10.11.20.. noch nicht bezahlt haben:
Rechnung Nr. SF93S01430 vom 02.09.20..
fällig am 02.10.20..
EUR 95.000,00
Wir bitten um Überprüfung und Überweisung des fälligen Betrags zuzüglich einer Mahn-
gebühr von EUR 100,00 in den nächsten Tagen. Sollten Sie die Zahlung bereits veranlasst
haben, betrachten Sie dieses Schreiben bitte als gegenstandslos.

Sie haben noch Fragen? Dann zögern Sie nicht, mich unter 06541 43-265 anzurufen oder
mir eine E-Mail zu schicken (zaun@earthwind.com).

Mit freundlichen Grüßen
Earthwind Deutschland

ppa. Margarethe Zaun
Financial Services

deutsche bank traben-trabach
bic: DEUTDE5M589
iban: DE08 5877 1242 0000 7896 43

amtsgericht traben-trarbach
hrb 905
geschäftsführer: axel günzdorff

Sauter GmbH & Co. KG
Abt. M-EP
Postfach 1560
56805 Cochem

**earthwind deutschland
recycling gmbh**

bahnstraße 20 · 56841 traben-trarbach
postfach 301 · 56838 traben-trarbach
telefon 06541 43-0 · fax 06541 43-21
e-mail: info@earthwind.com
internet: www.earthwind.com

Zweite Mahnung   12.01.20..

Sehr geehrte Damen und Herren,

für die nachstehend aufgeführte Rechnung konnten wir trotz Zahlungserinnerung
vom 10.11.20.. und Mahnung vom 11.12.20.. bisher noch keinen Zahlungsein-
gang feststellen:
Rechnung Nr. SA93S01430 vom 02.09.20..
fällig am 02.10.20..
EUR 95.000,00
Für die Begleichung der überfälligen Rechnung zuzüglich der Mahngebühr von
EUR 100,00 setzen wir Ihnen eine Frist bis zum 31.01.20.. Ab sofort müssen wir
Ihnen leider Verzugszinsen in Höhe von 0,5 % pro Monat berechnen.

Mit freundlichen Grüßen
Earthwind Deutschland

ppa. Margarethe Zaun

Sauter GmbH & Co. KG
Abt. M-EP
Postfach 1560
56805 Cochem

earthwind deutschland
recycling gmbh

bahnstraße 20 · 56841 traben-trarbach
postfach 301 · 56838 traben-trarbach
telefon 06541 43-0 · fax 06541 43-21
e-mail: info@earthwind.com
internet: www.earthwind.com

Dritte Mahnung   14.02.20..

Sehr geehrte Damen und Herren,

für die nachstehend aufgeführte Rechnung konnten wir trotz Zahlungserinnerung
vom 10.11.20.. und zweier Mahnungen vom 11.12.20.. und 12.01.20.. bisher noch
keinen Zahlungseingang feststellen:

Rechnung Nr. SA93S01430 vom 02.09.20..
fällig am 02.10.20..
EUR 95.000,00

Für die Begleichung der überfälligen Rechnung zuzüglich der Mahngebühr setzen
wir Ihnen eine letzte Frist bis zum 28.02.20.. Sollte bis dahin der Betrag nicht bei uns
eingegangen sein, sehen wir uns leider gezwungen, rechtliche Schritte gegen Sie
einzuleiten.

Mit freundlichen Grüßen
Earthwind Deutschland

ppa. Margarethe Zaun

deutsche bank traben-trabach
bic: DEUTDE5M589
iban: DE08 5877 1242 0000 7896 43
amtsgericht traben-trarbach
hrb 905
geschäftsführer: axel günzdorff

An: buchhaltung@bauer-verlag.de

Betreff: Ihre Mahnung vom 12.08.20..

Sehr geehrte Damen und Herren,

Ihre Rechnung für unser Abo Deutsch an der Uni (Belegnummer
151109) haben wir am 04.05.20.. an das Rechnungsamt der Universität weitergeleitet. Es ist möglich, dass das Rechnungsamt
noch nicht überwiesen hat. Wir werden dies prüfen und gegebenenfalls einen Eilauftrag erteilen. Da es sich sicherlich nur um ein
Versehen handelt, möchten wir Sie bitten, Ihren Rechtsanwalt nicht
einzuschalten.
Bitte haben Sie Verständnis dafür, dass es etwas länger als die
von Ihnen gesetzte Frist von acht Tagen dauern kann, bis die
Überweisung bei Ihnen eintrifft, da wir auf den genauen Über-
weisungstag auch keinen Einfluss haben.
Wir bitten um Ihre Antwort.

Mit freundlichen Grüßen
Anna Maria Rossi
IB Romanistik

A Formulierungstraining

A1 **Setzen Sie die Satzteile richtig zusammen.**

1 Wir erwarten
2 Leider haben Sie
3 Nach Ablauf dieser Frist
4 Wir müssen Ihnen leider
5 Wir bitten Sie, den fälligen Betrag
6 Wir bitten Sie um baldige Bezahlung
7 Trotz unserer Mahnung vom 15.11.20..
8 Sollten Sie bis dahin nicht gezahlt haben,
9 Sicher ist es Ihrer Aufmerksamkeit entgangen,
10 Bei Durchsicht unserer Konten stellten wir fest,
11 Sollten Sie die Zahlung bereits veranlasst haben,

A der folgenden Rechnung:
B haben Sie bis heute nicht gezahlt.
C eine Frist bis zum 30.11.20.. setzen.
D Ihre Zahlung bis spätestens 10.12.20..
E in den nächsten Tagen zu überweisen.
F unsere Rechnung vom 16.03.20.. zu begleichen.
G werden wir rechtliche Schritte gegen Sie einleiten.
H betrachten Sie dieses Schreiben bitte als gegenstandslos.
I dass bei Ihnen folgende Rechnung zur Zahlung offen steht:
J auf unsere Zahlungserinnerung vom 03.10.20.. nicht reagiert.
K müssen wir Ihnen Mahnkosten und Verzugszinsen berechnen.

A2 **Setzen Sie die fehlenden Wörter ein.**

angewiesen • ausstehenden • begleichen • Betrag • Buchhaltung • fällig • fristgerecht • für • überweisen • um • umgestellt • Verzögerung

Sehr geehrte Frau Rau,

Ihre Rechnung Nr. 263-4 war am 12.10.20.. _____ (1). Leider war es uns nicht möglich, den noch _____ (2) Betrag von EUR 8 579,82 _____ (3) zu _____ (4), weil unsere _____ (5) auf ein neues EDV-System _____ (6) wurde.
Wir haben heute unsere Bank _____ (7), den fälligen _____ (8) an Sie zu _____ _____ (9). Wir bitten Sie _____ (10) diese _____ (11) _____ (12) Entschuldigung.

Mit freundlichen Grüßen

A3 **Nummerieren Sie die Textteile in der richtigen Reihenfolge.**

◯ Mit freundlichen Grüßen
◯ ohne weitere Ankündigung
◯ wird unsere Rechtsabteilung
◯ noch keinen Ausgleich finden.
◯ rechtliche Schritte veranlassen.
◯ auf unser Konto zu überweisen.
⑦ Sollten wir bis zu diesem Termin

① Sehr geehrte Damen und Herren,
◯ keinen Zahlungseingang feststellen können,
◯ konnten wir für oben genannte Rechnungen
◯ Falls zwischenzeitlich eine Zahlung erfolgt ist,
◯ nehmen Sie bitte mit Herrn Horn Kontakt auf.
◯ Wir bitten Sie den Betrag bis spätestens 30.05.20..
◯ trotz unserer Mahnungen vom 10.03. und 15.04.20..

Temporale Nebensätze

Temporalsätze antworten auf die Frage: *Wann?*

Durch den Konnektor im Temporalsatz wird die Aktion des Nebensatzes in ein zeitliches Verhältnis zur Aktion im Hauptsatz gesetzt. Die Reihenfolge der Sätze ist variabel.

nachdem

Hauptsatz: Präsens	Nebensatz: Perfekt
Die Firma wartet auf den Zahlungseingang,	*nachdem sie den Kunden gemahnt hat.*
Hauptsatz: Präteritum / Perfekt	**Nebensatz: Plusquamperfekt**
Die Firma wartete auf den Zahlungseingang,	*nachdem sie den Kunden gemahnt hatte.*

Die Aktion im Hauptsatz liegt zeitlich nach der Aktion im Nebensatz.

während

***Während** sie den Kontoauszug ausdruckt, klingelt das Telefon.*

Die Aktionen in Hauptsatz und Nebensatz laufen gleichzeitig ab.

bevor

*Frau Schmidt kontrolliert den Kontostand, **bevor** sie den Kunden mahnt.*

Die Aktion im Hauptsatz liegt zeitlich vor der Aktion im Nebensatz. Das Tempus im Haupt- und im Nebensatz ist meistens gleich.

bis

*Ich warte im Büro, **bis** der Kunde anruft.*

Die Aktion im Hauptsatz endet zu dem Zeitpunkt, an dem die Aktion im Nebensatz beginnt.

B1 **Was passt? Kreuzen Sie an.**

1 Das Telefon klingelt, ◯ nachdem ◯ bevor ◯ während sie eine Telefonnummer sucht.
2 ◯ Bevor ◯ Während ◯ Nachdem Anna eine kleine Pause macht, trinkt sie eine Tasse Tee.
3 Die Firma spricht mit ihrem Rechtsanwalt, ◯ bevor ◯ während ◯ nachdem
   sie rechtliche Schritte einleitet.
4 ◯ Bevor ◯ Während ◯ Nachdem die Bank die Kreditwürdigkeit des Kunden kontrolliert
   hat, erteilt sie eine Auskunft.
5 ◯ Bevor ◯ Während ◯ Nachdem
   Anna eine E-Mail an den Kunden
   schickt, erkundigt sie sich nach
   seiner neuen Mail-Adresse.

B2 Verbinden Sie die Sätze mit *nachdem* und *bevor*.

1 Andy setzt sich an seinen Schreibtisch. Er zieht sein Jackett aus.
Nachdem Andy sein Jackett ausgezogen hat, setzt er sich an seinen Schreibtisch.
Bevor Andy sich an seinen Schreibtisch setzt, zieht er sein Jackett aus.

2 Jonas korrigiert den Text. Er schickt die Datei an seine Kollegen.

3 Herr Gertz schickt den Brief an die Bank ab. Er spricht mit seinem Chef.

4 Frau Sill hat das Codewort genannt. Sie hat die gewünschte Information bekommen.

5 Michaela hat das Angebot des neuen Kreditinstituts gelesen. Sie hat mit der Hausbank ihrer Firma telefoniert.

B3 Antworten Sie.

1 Glauben Sie, dass der Kunde gleich anruft? – Es dauert sicher noch etwas, bis *er anruft.*

2 Trifft eine Banküberweisung innerhalb von zwei Tagen ein? – Es kann auch länger dauern, bis _____

3 Wissen Sie schon, wann Sie die Zahlungseingänge kontrolliert haben? – Es dauert mindestens noch zwei Tage, bis _____

4 Wie lange bleiben die Konferenz-Teilnehmer? – Leider können nicht alle bleiben, bis _____

5 Kann man wieder kopieren oder ist der Kopierer immer noch kaputt? – Es wird noch etwas dauern, bis

_____

> *vor* + Nomen im Dativ
> *Vor einer Mahnung wird der Zahlungseingang noch einmal kontrolliert.*
>
> *während* + Nomen im Genitiv
> *Während des Meetings sind alle Handys auf „stumm" geschaltet.*
>
> *nach* + Nomen im Dativ
> *Nach einer Mahnung wird der Zahlungseingang in den nächsten Tagen erwartet.*

B4 Nominalisieren Sie die kursiv gedruckten Satzteile mit *vor, während* oder *nach*.

1 *Nachdem das Quartal abgeschlossen wurde,* erstellt der Controller einen Bericht.
Nach dem Quartalsabschluss erstellt der Controller einen Bericht.

2 Der Buchhalter kontrolliert die Zahlungseingänge, *bevor er zum dritten Mal mahnt.*

3 *Während er arbeitet,* denkt er oft an seinen Urlaub.

4 *Bevor er abreist,* will er noch die Korrespondenz erledigen.

5 *Nachdem er die letzten Rechnungen überwiesen hat,* steigt er ins Taxi zum Flughafen.

B5 Formulieren Sie aus den kursiv gedruckten Satzteilen temporale Nebensätze mit *bevor, während* oder *nachdem*.

1 *Nach der zweiten Mahnung* ruft die Assistentin ihren Vorgesetzten an.
  Nachdem sie zum zweiten Mal gemahnt hat, ruft die Assistentin ihren Vorgesetzten an.

2 *Während ihres Telefonats* kommt die Post.

3 *Nach dem Telefonat* druckt sie den Kontoauszug aus.

4 *Vor dem Weiterleiten der Mahnung an die Rechtsabteilung* informiert sie den Kunden.

5 *Vor der Besprechung der wichtigsten Punkte mit dem Abteilungsleiter* muss sie das Marketing-Meeting organisieren.

Bitte beachten Sie:	
überweisen + Akk. + *an* + Akk.	*Wir haben den Betrag gestern an Sie überwiesen.*
begleichen + Akk.	*Bitte begleichen Sie die Rechnung.*

B6 Was passt zusammen? Verbinden Sie.

1	eine Frist	A	setzen
2	den Betrag	B	bestätigen
3	zur Zahlung	C	begleichen
4	gerichtliche Schritte	D	auffordern
5	den Zahlungseingang	E	überweisen
6	die überfällige Rechnung	F	ankündigen

C Schreibtraining

Wenn Sie einen Zahlungsverzug anmahnen:

- Gehen Sie zunächst davon aus, dass der Kunde die Bezahlung einfach vergessen oder übersehen hat (Zahlungserinnerung). Setzen Sie dem Kunden eventuell eine Frist.
- Fordern Sie ihn – eventuell mit einer Mahngebühr (Verzugszinsen) – etwas bestimmter zur Zahlung auf (erste Mahnung). Auch hier setzen Sie eine Frist. Verzichten Sie dabei auf moralisierende Vorwürfe.
- Unterrichten Sie ihn in der letzten (in der Regel: dritten) Mahnung über die fälligen rechtlichen Konsequenzen.

Wenn Sie selber in Zahlungsverzug geraten sind:

- Melden Sie sich bei Ihrem Lieferanten schneller als er bei Ihnen, damit Sie gar nicht erst gemahnt werden müssen.
- Entschuldigen Sie sich und nennen Sie ganz offen die Gründe, warum Sie noch nicht gezahlt haben.
- Bitten Sie den Lieferanten eventuell um eine Verlängerung der Zahlungsfrist.
- Zeigen Sie Ihr Bemühen, dass Sie Ihren Zahlungsverpflichtungen so schnell wie möglich nachkommen wollen.

C1 Schreiben Sie einen Brief.

Sie sind:	Polstermöbelfabrik Boneschi, Neapel, Italien
Sie schreiben an:	Schlafzimmer Raimund, München, Deutschland
Sie wollen:	die Münchner Firma an die Zahlung der Rechnung vom 26.04.20.. über die Lieferung von 10 Doppelbetten *Gigolo* erinnern

C2 Schreiben Sie eine Mail.

Sie sind:	Schlafzimmer Raimund
Sie schreiben an:	Polstermöbelfabrik Boneschi
Sie wollen:	sich für die Zahlungsverzögerung entschuldigen

C3 Schreiben Sie einen Brief.

Sie sind:	Kunstschreinerei Nagel, Bozen, Italien
Sie schreiben an:	Bestattungsunternehmen *Ruhe in Frieden*, Nürnberg, Deutschland
Sie wollen:	zum dritten Mal die Zahlung von 140 Eichensärgen anmahnen, aber deutlich freundlicher als in der folgenden E-Mail:

Hallo Sie,

wir haben Sie schon zweimal gemahnt, weil Sie uns noch immer nicht die 140 Eichensärge bezahlt haben, die wir bereits vor drei Monaten geliefert haben. Jetzt reicht 's!! Entweder Sie bezahlen die Rechnung innerhalb von einer Woche oder wir gehen vor Gericht!!!

Mit unfreundlichen Grüßen

Zahlungsschwierigkeiten, Versuch einer Einigung

Ist Ihre Firma schon einmal in *Zahlungsschwierigkeiten* gekommen, ohne dass es vorher abzusehen war? Wenn so etwas einmal vorkommen sollte, dann

- informieren Sie den Gläubiger über Ihre Lage,
- legen Sie ihm die Gründe dar und
- schlagen Sie ihm eine für beide Seiten akzeptable Lösung vor.

Sie haben im Prinzip zwei Möglichkeiten, die fristgerechte Bezahlung einer fälligen Rechnung zu modifizieren:

- Sie bitten um Stundung, also um die Erlaubnis, zu einem späteren Zeitpunkt zu zahlen.
- Sie schlagen Abschlagszahlungen vor, also die Zahlung des Gesamtbetrags in Raten.

In beiden Fällen kann der Gläubiger seine Zustimmung allerdings von Zinszahlungen abhängig machen, die der Schuldner leisten muss.

1 **Wie sollte sich ein Gläubiger in einer solchen Situation verhalten? Kreuzen Sie die vier richtigen Punkte an.**

Er sollte
1 ◯ die vom Schuldner genannten Gründe prüfen.
2 ◯ die zuständige Industrie- und Handelskammer informieren.
3 ◯ sich nach den Gründen für den Zahlungsverzug erkundigen.
4 ◯ einen eventuellen Vergleichsvorschlag des Schuldners prüfen.
5 ◯ seinen Geschäftspartner unter Druck setzen – sonst zahlt er nicht.
6 ◯ sich überlegen, ob er im Falle eines Vergleichs Zinszahlungen verlangen will.

2 **Hatten Sie schon einmal mit einer Firma in Zahlungsschwierigkeiten zu tun? Welche Erfahrungen haben Sie dabei gemacht? Wie haben sich die Schuldner verhalten? Wie haben sich die Gläubiger verhalten? Sprechen Sie zu zweit und berichten Sie dann im Kurs.**

Textbeispiele

donfiss A/S

Sven-Jenssen-Vej 7
3090 Nortborg
Tel +45 744530-60
Fax +45 744130-66
www.donfiss.dk
info@donfiss.dk

Zahnradfabrik Stuttgart AG
Ernst-Reuter-Ring 20–25
70122 STUTTGART
TYSKLAND

Bitte um Stundung   14.11.20..

Sehr geehrte Damen und Herren,

am 31.11.20.. wird Ihre Rechnung Nr. 6732/9 vom 31.08.20.. über einen Betrag von
EUR 143.767,15 fällig.
Leider sind wir im Moment nicht in der Lage diese Summe zu begleichen, da einer unserer
Hauptkunden, die ABX Pumper A/S, Konkurs angemeldet hat. Einige hohe Beträge stehen
für uns noch aus.
Wir sind sicher, dass sich die Situation schon bald klären wird, und bitten Sie um einen
Zahlungsaufschub von zwei Monaten.

Wir hoffen, dass Sie mit diesem
Vorschlag einverstanden sind
und uns in dieser schwierigen
Lage entgegenkommen können.

Mit freundlichen Grüßen
Donfiss A/S

Sven Johansson

Sven Johansson
FINANCIAL SERVICE
sven.johansson@donfiss.dk

Donfiss A/S
Herrn Johansson
Sven-Jenssen-Vej
3090 NORTBORG
DÄNEMARK

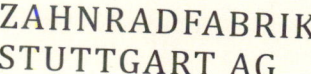

**ZAHNRADFABRIK
STUTTGART AG**

Ernst-Reuter-Ring 20–25
70122 STUTTGART
www.zs.com · info@zs.com

Ihr Schreiben vom 14.11.20..

Sehr geehrter Herr Johansson,

Ihren Vorschlag vom 14.11.20.. nehmen wir an. Wir sind also mit einer
Stundung unserer Rechnung um zwei Monate einverstanden, müssen
Ihnen allerdings für diesen Zeitraum Zinsen in Höhe von 1,5 % des
Rechnungsbetrags berechnen.

Wir hoffen, dass wir Ihnen mit dieser Regelung helfen können. Bitte
senden Sie uns zeitnah Ihre Antwort.

Mit freundlichen Grüßen
Zahnradfabrik Stuttgart AG

Wolfgang Steinle

Wolfgang Steinle
Credit Manager
w.steinle@zs.com

A   Formulierungstraining

A1   Welche Sätze haben eine ähnliche Bedeutung. Ordnen Sie zu.

1 Mit Ihrem Einverständnis wäre uns sehr geholfen.

2 Wir befinden uns momentan in einer schwierigen Lage.

3 Vielleicht können wir uns auf Abschlagszahlungen einigen.

4 Wir möchten Sie daher um einen Zahlungsaufschub bitten.

5 Wären Sie mit einer Anzahlung in Höhe von EUR ... einverstanden?

6 Ich versichere Ihnen, dass wir den Betrag bis zum 30.04.20.. bezahlen werden.

7 Ihre Rechnung in Höhe von EUR ... können wir im Moment leider nicht begleichen.

A Unsere Situation ist zurzeit sehr ernst.

B Wir hoffen, Sie können uns entgegenkommen.

C Unsere Firma ist vorübergehend zahlungs-unfähig.

D Wir könnten Ihnen eine Zahlung in Raten anbieten.

E Wir garantieren Ihnen, dass wir die Rechnung zum neuen Termin begleichen werden.

F Einen ersten Betrag über EUR ... könnten wir Ihnen schon jetzt überweisen.

G Für eine Stundung des Betrags wären wir Ihnen sehr dankbar.

A2   Ergänzen Sie.

Abschlagszahlungen • akzeptieren • Anfangsbetrag • einverstanden • ersten Werktag • fällig • gesamten • in Höhe von • schlage ... vor • überweise • Unwetter • vernichtet • Vorschlag

... am 15.10.20.. haben Sie mir eine Rechnung _____ (1)
EUR 98.768,00 geschickt. Sie wird am 31.10.20.. _____ (2).
Leider bin ich zum jetzigen Zeitpunkt nicht imstande, den_____ (3) Betrag zu bezahlen.
Der Grund ist, dass mir die _____ (4) der letzten Woche einen Großteil meiner Ernte
_____ (5) haben.
Ich _____ (6) Ihnen daher _____, dass ich Ihnen einen _____ (7) von EUR
20.000,00 _____ (8) und den Rest in monatlichen _____ (9)
in Höhe von jeweils EUR 5.000,00 zahle, fällig zum _____ (10) jedes Monats.
Es wäre eine große Hilfe für mich, wenn Sie diesen _____ (11) _____ (12)
würden. Bitte senden Sie mir eine Nachricht, ob Sie damit _____ (13) sind.

A3   Nummerieren Sie die Textteile in der richtigen Reihenfolge.

Sehr geehrte Frau Klein,

es tut uns sehr leid, ◯ mit einer Stundung unserer Rechnung. ◯ Zum Glück ist der Schaden ja durch die Versicherung gedeckt, ◯ dass Ihr Kaufhaus abgebrannt ist. ◯ Bis zu diesem Zeitpunkt helfen wir Ihnen gerne ◯ Der neue Fälligkeitstag ist dann also ◯ Ich denke, dass eine Verschiebung ◯ der 15.02. ◯ sodass Sie bald wieder zahlungsfähig sein werden. ◯ um drei Monate für beide Seiten akzeptabel ist.

Mit freundlichen Grüßen

Relativsätze I

Wir können den <u>Betrag</u>, <u>den wir Ihnen schulden</u>, im Moment leider nicht aufbringen.

Ein Relativsatz erklärt ein Nomen genauer. Der Relativsatz steht meistens direkt hinter dem Nomen, das er erklärt.

	maskulin	neutral	feminin	Plural
Nominativ	*der*	*das*	*die*	*die*
Akkusativ	*den*	*das*	*die*	*die*
Dativ	*dem*	*dem*	*der*	*denen*

Die Relativpronomen *der, das, die* werden wie der bestimmte Artikel dekliniert.
Nur im Dativ Plural und im Genitiv (siehe Lektion 14) gibt es eigene Formen.

Der Kunde bleibt Ihnen treu. Sie haben dem Kunden geholfen.

*Der Kunde, **dem** Sie geholfen haben, bleibt Ihnen treu.*

Das Relativpronomen richtet sich in Genus und Numerus nach dem Nomen, das erklärt wird
(*der Kunde* = maskulin Singular). Der Kasus des Relativpronomens hängt vom Verb des
Relativsatzes ab (*helfen* + Dativ).

Das Angebot gilt noch bis zum Ende des Monats. Sie interessieren sich für das Angebot.

*Das Angebot, **für das** Sie sich interessieren, gilt noch bis zum Ende des Monats.*

Wenn zum Verb eine Präposition gehört, dann steht diese Präposition vor dem Relativpronomen.

B1   **Kreuzen Sie das richtige Relativpronomen an.**

1 Die Firmen, ◯ die ◯ denen wir Kredit geben, sind alle sehr solide.

2 Im asiatischen Raum entsteht ein Markt,
◯ den ◯ der hohe Zuwachsraten verzeichnet.

3 Das System, ◯ zu dem ◯ für das wir uns entschieden haben,
ist zwar teuer, aber modern.

4 Die Firmen, ◯ die ◯ denen wir unseren Katalog zuschicken,
haben Bedarf an moderner Bürokommunikation.

5 Wir wären Ihnen dankbar, wenn Sie uns eine Firma nennen könnten,
◯ der ◯ die sich für uns als Ansprechpartner eignet.

6 Es handelt sich hier um ein Unternehmen, ◯ das ◯ der in der Lage ist,
die Produkte auf dem asiatischen Markt einzuführen.

7 Die Firma sucht einen Partner, ◯ der ◯ den daran interessiert ist, den Vertrieb
ihrer Waren im asiatischen Raum zu organisieren.

8 Wir können Ihnen die Produkte, ◯ für die ◯ an denen Sie Interesse haben,
leider nicht mehr zu den alten Konditionen anbieten.

9 Wir haben im Moment leider Schwierigkeiten, ◯ denen ◯ die wir nicht vorhersehen konnten.

10 Im Anhang schicken wir Ihnen den Prospekt für das Modell,
◯ für das ◯ an dem Sie sich interessiert haben.

B2 Ergänzen Sie die Relativpronomen und gegebenenfalls die Präpositionen.

1 Bitte lesen Sie den Vertrag, _____ Sie abschließen wollen, genau durch.

2 Der Mitarbeiter, _____ Sie sprechen wollten, ist heute leider nicht da.

3 Grundsätzlich sind schriftliche Angebote, _____ Sie einem Kunden machen, verbindlich.

4 Leider sind die Preislisten, _____ wir Ihnen letzten Monat zugeschickt haben, nicht mehr aktuell.

5 Firmen, _____ Sie ein Sonderangebot gemacht haben, werden sich auch in Zukunft an Sie wenden.

6 Die Arbeitsplätze, _____ ihre Mitarbeiter in Zukunft arbeiten, sind mit modernster Technik ausgestattet

7 Der Kunde, _____ wir schnellstmögliche Lieferung versprochen haben, möchte wissen, wann die Ware ankommt.

8 Der Prospekt, _____ Sie gestern bei uns angefordert haben, enthält alle wichtigen Informationen über unsere Kommunikationssysteme.

9 Das Modell, _____ Sie sich entschieden haben, ist unser absoluter Bestseller.

10 Das Feedback, _____ wir von unseren Kunden bekommen, wird bei unseren Neuentwicklungen berücksichtigt.

B3 Verbinden Sie die Sätze. Der zweite Satz ist immer der Relativsatz.

1 Den asiatischen Markt kennen wir seit Langem sehr genau. Sie wollen sich über den Markt informieren.
   Den asiatischen Markt, über den Sie sich informieren wollen, kennen wir seit Langem sehr genau.

2 Unser Beratungsingenieur könnte mit Ihnen einen Termin vereinbaren. Im September ist er in Hongkong.

3 Gestern haben wir dem Interessenten unsere Termine zugeschickt. Der Interessent ist Marktführer in Hongkong.

4 Das Meeting musste leider verschoben werden. Wir hatten das Meeting für nächsten Donnerstag vereinbart.

5 Soviel wir wissen, ist das Unternehmen kreditwürdig. Mit dem Unternehmen wollen wir Geschäftsbeziehungen aufnehmen.

6 Die Firma ist ein Großhandelsunternehmen. Das Unternehmen besteht schon seit 75 Jahren.

7 Leider kann die Firma den Betrag nicht vollständig bezahlen. Der Betrag ist in vier Wochen fällig.

8 Wir könnten Ihnen eine Zahlungsfrist für den Betrag einräumen. Sie sind uns den Betrag schuldig.

9 Aus der schwierigen Lage helfen die Zahlungen. Im nächsten Monat werden die Zahlungen erwartet.

10 Wir bieten Ihnen eine Reihe anspruchsvoller Weiterbildungsmöglichkeiten. Sie werden von renommierten Experten durchgeführt.

C Schreibtraining

Wenn Sie in unvorhergesehene Zahlungsschwierigkeiten geraten sind:

- Informieren Sie Ihren Lieferanten offen, aber ohne Übertreibung, über Ihre Lage.
- Bitten Sie ihn um eine Stundung oder um Abschlagszahlungen.
- Sichern Sie ihm zu, dann wirklich pünktlich zu zahlen.

Wenn Sie in der Rolle des Gläubigers sind:

- Setzen Sie Ihren Geschäftspartner nicht gleich unter Druck.
- Prüfen Sie aber nach, ob die angegebenen Gründe stimmen – und ob der Vergleich überhaupt einzuhalten ist.
- Sehen Sie auch den Vorteil: Ein Kunde, dem Sie geholfen haben, bleibt Ihnen treu.

C1 Schreiben Sie einen Brief.

Sie sind:	ABX A/S, Alnabro 7, 4308 OSLO, NORWEGEN
Sie schreiben an:	Hess Tec KG, Taunusstr. 10–16, 60329 FRANKFURT, DEUTSCHLAND
Sie wollen:	eine Stundung Ihrer Rechnung erreichen – Grund: die Zahlungsunfähigkeit Ihrer russischen Geschäftspartner

C2 Schreiben Sie einen Brief.

Sie sind:	Hess Tec KG
Sie schreiben an:	ABX A/S
Sie wollen:	den Vergleich akzeptieren – die entsprechenden Daten und Bedingungen bestimmen Sie selbst

Kreditauskunft

Wenn Sie mit einer Firma ein Geschäft planen, bei dem Ihr Unternehmen als Kreditgeber auftritt, sind Sie natürlich daran interessiert zu erfahren, ob Ihr Geschäftspartner kreditwürdig ist. Sie wollen deshalb eine Kreditauskunft über ihn. Oft wird damit eine Auskunftei beauftragt; manchmal wendet man sich aber auch an einen alten Geschäftspartner, der mit dem neuen Partner schon zusammengearbeitet hat. Möglicherweise nennt der potenzielle Geschäftspartner aber auch von sich aus eine Bank, die bevollmächtigt ist, Auskunft zu geben. Ob und wie kreditwürdig eine Firma ist, hängt von vielen Faktoren ab.

1 **Welche Informationen über die Firma könnten dafür relevant sein? Kreuzen Sie die drei richtigen Punkte an.**

1 ◯ Umsatz
2 ◯ Verschuldung
3 ◯ Werbebudget

4 ◯ Betriebsverhältnisse
5 ◯ Darstellung in der Öffentlichkeit
6 ◯ persönlicher Lebensstil des Geschäftsführers

Natürlich sind solche Auskünfte mit absoluter Diskretion zu behandeln. Deshalb sollten Sie, wenn Sie sich an einen Geschäftspartner wenden,

- auf dem Anschriftenfeld mit *Persönlich / Vertraulich* beginnen und
- den Adressaten vor den Firmennamen schreiben; so öffnet er persönlich den Brief.

Dieselbe Vertraulichkeit müssen Sie natürlich auch als Auskunftgeber wahren. Falls Sie diese Auskünfte per E-Mail einholen oder übermitteln, sollten Sie diese Informationen nur verschlüsselt übertragen. Je nachdem, wie die Auskunft über ihren Geschäftspartner ausfällt, werden Sie von ihm spezielle Sicherheiten fordern, wie zum Beispiel

- eine Bürgschaft (= ein Dritter garantiert die Zahlungsfähigkeit des Schuldners),
- eine Sicherheit (= ein bis zur Rückzahlung überlassenes Eigentum) in Form einer Immobilie oder eines anderen Wertgegenstands.

2 **Hat Ihre Firma oder haben Sie schon einmal über ein Unternehmen eine Kreditauskunft eingeholt? Von wem haben Sie die Auskunft bekommen? Sprechen Sie zu zweit und berichten Sie im Kurs.**

Textbeispiele

Oppenheim AG
Zementfabrik

Oppenheim AG · Postfach 530 · 69124 Heidelberg

Persönlich / Vertraulich
Herrn
Michael Mächtersheimer
Multicar AG
Funkschneise 20
28309 Bremen

Handschuhsheimer Landstraße 40
69121 Heidelberg
Postfach 530
69124 Heidelberg

Telefon: 06221 46289
Telefax: 06221 182023
Internet: www.opp-ze.de
E-Mail: info@opp-ze.de

21.04.20..

Bitte um Auskunft über Bauunternehmen Statik & Co, München

Sehr geehrter Herr Mächtersheimer,

die o. g. Baufirma möchte mit uns ins Geschäft kommen und Ware im Wert von ca. 1 Million Euro bestellen. Da wir noch keine Erfahrungen mit diesem Unternehmen als Geschäftspartner gemacht haben und der Auftragswert relativ hoch ist, sind wir natürlich sehr an Informationen über die Geschäftspolitik und Kreditwürdigkeit dieser Firma interessiert.

Wir wären Ihnen sehr dankbar, wenn Sie uns diese Informationen geben könnten, und sichern Ihnen absolute Verschwiegenheit zu. Vielleicht können wir Ihnen bald auch einmal mit einer Auskunft weiterhelfen. Wir danken Ihnen für Ihre Mühe.

Mit freundlichen Grüßen

ppa. Ferdinand Landers
ferdinand.landers@opp-ze.de

Volksbank Kurpfalz, Heidelberg
BIC GENODE61HD3
IBAN DE63672901000002167834

UST(VAT)-Id-Nr. DE 250 003 539
Sitz der Aktiengesellschaft: Heidelberg
Amtsgericht Heidelberg HRB 854023

Vorsitzender des Aufsichtsrates:
Alexander von Vechmann
Vorstand: Ernst Reuter, Elmar Treptow

Multicar AG
Baumaschinen

Multicar AG · Postfach 6530 · 28307 Bremen

Vertraulich
Herrn
Ferdinand Landers
Oppenheim AG
Handschuhsheimer Landstr. 40
69121 Heidelberg

Funkschneise 20
28309 Bremen
Postfach 6530
28307 Bremen
Telefon 0421 7438- 0
Fax 0421 7438- 326
Internet: www.mucag.com
E-Mail: info@mucag.com

28.04.20..

Ihr Schreiben vom 21.04.20..

Sehr geehrter Herr Landers,

das von Ihnen genannte Unternehmen ist seit vielen Jahren ein guter Kunde von uns, der unsere Forderungen immer pünktlich beglichen hat und eine eher vorsichtige Geschäftspolitik betreibt. Nach meiner Einschätzung ist die Kreditwürdigkeit gegeben.

Ich hoffe, ich konnte Ihnen mit dieser kurzen Information weiterhelfen.

Mit freundlichen Grüßen

ppa. Michael Mächtersheimer

A Formulierungstraining

A1 **Was passt zusammen? Ordnen Sie zu.**

1 Die o. g. Firma
2 Wie schätzen Sie
3 Wir sichern Ihnen zu,
4 Ich wäre Ihnen dankbar,
5 Ich danke Ihnen und hoffe,
6 Wie hat sich in der letzten Zeit
7 Selbstverständlich behandeln wir
8 Ihre Firma wurde von Herrn Prinz
9 Es bietet sich in absehbarer Zeit vielleicht
10 Kommt Herr … seinen Zahlungsverpflichtungen

A pünktlich nach?
B als Referenz genannt.
C der Umsatz entwickelt?
D die Liquidität des Unternehmens ein?
E die Gelegenheit zu einer Gegenleistung.
F Ihre Auskünfte mit absoluter Diskretion.
G dass ich mich bald einmal revanchieren kann.
H wenn Sie uns einige Auskünfte geben könnten.
I dass wir Ihre Auskünfte streng vertraulich behandeln.
J möchte mit uns zum ersten Mal ein größeres Geschäft abschließen.

A2 **Setzen Sie die fehlenden Wörter ein.**

allerdings • Auskunft • behandeln • eingeschätzt • expandiert • Marktentwicklung • nachgekommen • reibungslos • seit • über • vermute • absolut vertraulich • Verzögerungen • Zahlungsverpflichtungen • zu

Sehr geehrte Frau Geiger,

die Firma, _____ (1) die Sie _____ (2) wünschen, arbeitet mit uns _____ (3) vielen Jahren zusammen. Früher hat die Zusammenarbeit _____ (4) funktioniert, in letzter Zeit _____ (5) ist sie Ihren _____ (6) häufig nur mit _____ (7) _____ (8). Ich _____ (9), das Unternehmen hat die _____ (10) zu optimistisch _____ (11) und deshalb _____ (12) stark _____ (13).
Bitte _____ (14) Sie diese Auskunft _____ (15).

Mit freundlichen Grüßen

B Grammatik

Relativsätze II

Die Kundin ist nicht erreichbar.   *Die E-Mail-Adresse **der Kundin** hat sich geändert.*

***Ihre** E-Mail-Adresse hat sich geändert.*

*Die Kundin, **deren** E-Mail-Adresse sich geändert hat, ist nicht erreichbar.*

Das Relativpronomen *deren* ersetzt *der Kundin* (Genitivattribut) oder *ihre* (Possessivartikel).
Nach dem Relativpronomen im Genitiv steht kein Artikel vor dem folgenden Nomen.
Präpositionen stehen vor dem Relativpronomen.

	maskulin	neutral	feminin	Plural
Genitiv	*dessen*	*dessen*	*deren*	*deren*

B1 **Bilden Sie Relativsätze.**

1 Die Firma ist international bekannt. Über ihre Werbung wurde in der Öffentlichkeit oft diskutiert.

2 Die Geräte müssen leicht programmierbar sein. An ihrem Design wird noch gearbeitet.

3 Das Regal ist sehr beliebt. Seinen Aufbau bewältigen auch Nicht-Profis.

4 Fachwortschatz sollte man nicht benutzen. Seine Bedeutung verstehen nur Spezialisten.

5 Eine Gebrauchsanleitung ist leider nicht selbstverständlich. Ihre Texte versteht jeder.

B2 **Was passt zusammen? Ordnen Sie zu und schreiben Sie Relativsatze.**

1 Die jugendlichen Kunden werden ausführlich befragt.

2 Die Untersuchung wird in der Fachpresse veröffentlicht.

3 Das Unternehmen ist mit seinen Produkten international präsent.

4 Der Werbemanager hat eine neue Marketing-strategie entwickelt.

5 Mit der Marktstudie beauftragen wir ein Marktforschungsinstitut.

A Die Kreditwürdigkeit des Unternehmens wird geprüft.

B Die Firmenleitung verlässt sich auf die Kreativität des Werbemanagers.

C Die Trend-Analysen des Marktforschungs-instituts gelten als seriös.

D Das Ergebnis der Untersuchung ist für niemanden überraschend.

E Man will sich an den Bedürfnissen der Jugendlichen orientieren.

1 *Die jugendlichen Kunden, an deren Bedürfnissen man sich orientieren will, werden ausführlich befragt.*

Relativsätze mit *wo*

*In München, **wo** wir den höchsten Umsatz machen, haben wir 14 Filialen.*
Das Relativpronomen für Städte- oder Ländernamen ist *wo*.

B3 **Verbinden Sie die Sätze mit *wo* oder *in* + Relativpronomen.**

1 Dieses Schnellrestaurant ist besonders beliebt. Vor allem junge Leute treffen sich in diesem Restaurant.

2 In Peking werden weitere Filialen eröffnet. Dort leben mehr als acht Millionen Einwohner.

3 Das Restaurant hat eine moderne Atmosphäre. Die Jugend der Stadt trifft sich in dem Restaurant.

4 Auch in Vietnam gibt es eine nationale Fast-Food-Kette. In dieser Fast-Food-Kette serviert man die beliebte vietnamesische Nudelsuppe.

5 In Saigon hat diese Kette bereits die Konkurrenz aus Amerika überholt. In dieser Stadt ist der Boom besonders stark.

Relativsätze mit *was* oder *wo(r)-* + Präposition

*Es ist unklar, **was** die Firma mit ihrer Aktion bezweckt.*

*Das ist etwas, **was** wir genauer besprechen sollten.*

*Die Entwicklung ist stabil, **worüber** wir uns freuen.*

Wenn sich der Relativsatz auf die ganze Aussage des Hauptsatzes bezieht oder auf unbestimmte Ausdrücke wie *alles, einiges, etwas, nichts* heißt das Relativpronomen entweder *was* oder *wo(r)-* + Präposition.

B4 **Verbinden Sie die Sätze mit *was* oder *wo(r)-* und Präposition.**

1 In dieser Firma gibt es einiges. Das wäre verbesserungsfähig.
2 Wir können Ihnen leider keine weitere Auskunft geben. Wir bedauern das.
3 Die Zahlungen erfolgen sehr unregelmäßig. Viele Lieferanten haben sich darüber beschwert.
4 Das Konto wies über Jahre hinweg ein Guthaben auf. Das spricht für die Bonität des Kontoinhabers.
5 Die finanziellen Verhältnisse der Firma scheinen angespannt zu sein. Das wirkt sich auf die Zahlungsmoral aus.
6 Wir haben seit vielen Jahren gute Geschäftsverbindungen zu dem Unternehmen. Wir freuen uns darüber.
7 Der Betrieb wird sehr professionell geführt. Davon hat sich ein Beratungsunternehmen vor Kurzem überzeugt.

B5 **Ergänzen Sie *woran, was, worauf, wozu, wovon, wofür* oder *womit*.**

1 War das alles, _____ Sie wissen wollten?
2 Erklären Sie unserem Mitarbeiter bitte genau, _____ Sie interessiert sind.
3 Bitte teilen Sie uns mit, _____ Sie diese Informationen benötigen.
4 Sie haben uns mit dieser Information sehr geholfen, _____ wir Ihnen dankbar sind.
5 Könnten Sie bitte genauer definieren, _____ die Kreditwürdigkeit der Firma abhängt?
6 Sie wollen die Rechnung erst in zwei Monaten bezahlen, _____ wir nicht ganz einverstanden sind.
7 Es stehen noch zwei Rechnungen zur Bezahlung aus, _____ wir Sie hiermit aufmerksam machen wollen.

B6 Kreuzen Sie das richtige Relativpronomen an.

1 Der Höchstkredit, ⃝ dem ⃝ den ⃝ das wir Ihnen für das angefragte
   Untenehmen empfehlen, beträgt 2 Millionen Euro.

2 Der Firmensitz des Unternehmens, ⃝ mit dem ⃝ über das ⃝ nach dem
   Sie Auskunft möchten, ist in Hamburg.

3 An der Anschrift des Unternehmens befindet sich eine Holzfirma,
   ⃝ deren ⃝ dessen ⃝ denen Hauptgeschäft die Herstellung von Möbeln ist.

4 Ein weiterer Sitz der Gesellschaft befindet sich in Hamburg-Altona,
   ⃝ wo ⃝ in dem ⃝ wohin die Fertigung der Möbel stattfindet.

5 Die Möbel werden über eigene Niederlassungen verkauft,
   ⃝ womit ⃝ was ⃝ wofür den Vertrieb verbilligt.

6 Die Firma beschäftigt derzeit 35 festangestellte Mitarbeiter,
   ⃝ von den ⃝ wovon ⃝ von denen 7 teilzeitbeschäftigt sind.

7 Das ist im Moment alles, ⃝ worüber ⃝ was ⃝ wobei wir Sie informieren können.

C Schreibtraining

Wenn Sie eine Auskunft benötigen:
- Legen Sie dar, warum Sie eine Auskunft benötigen.
- Teilen Sie knapp und präzise mit, was Sie wissen wollen.
- Versprechen Sie absolute Verschwiegenheit.
- Stellen Sie eine eventuelle Gegenleistung in Aussicht.

Wenn Sie selber um Information gebeten werden:
- Beziehen Sie sich ausdrücklich auf die Anfrage.
- Nennen Sie die Gründe, wenn Sie keine Auskunft geben wollen oder können.
- Bitten Sie um absolute Diskretion.

C1 Schreiben Sie einen Brief.

Sie sind:	Jean Leclerc S.A.R.L., Zone Industrielle, 43 rue d'Orves, 63690 VICHY, FRANCE
Sie schreiben an:	Ihre deutsche Bankverbindung, das Bankhaus Röder, Fabriciusstr. 11, 40225 DÜSSELDORF, DEUTSCHLAND
Sie wollen:	sich nach der Geschäftspolitik und den Vermögensverhältnissen eines potenziellen deutschen Geschäftspartners erkundigen

C2 Schreiben Sie einen Brief.

Sie sind:	Bankhaus Röder
Sie schreiben an:	Jean Leclerc S.A.R.L.
Sie wollen:	die gewünschte Auskunft geben

EINLADUNG

Termine, Einladung, Dankschreiben, Geschäftsreise

Wenn Sie einen *Termin* absagen, denken Sie daran, dass Sie eine Alternative vorschlagen. Es ist außerdem höflich, einen Grund für die Absage zu nennen.

Wenn Sie eine *Einladung* verschicken wollen, denken Sie daran, dass Sie die Einladung kurz und knapp halten. Ausführliche Informationen gehören in die Anlage. Heben Sie Datum, Uhrzeit und Ort besonders hervor.

Wenn Sie ein *Dankschreiben* verfassen, denken Sie daran, dass Sie mit Ausdrücken wie „herzlich" und „sehr" Ihren Dank unterstreichen können. Heben Sie ein oder zwei Dinge hervor, die Ihnen besonders gefallen haben.

Wenn Sie eine *Geschäftsreise* organisieren, denken Sie daran, dass ...

- Sie dem Hotel bei der Reservierung alle wichtigen Daten übermitteln (Name des Gastes, Anreisedatum, Abreisedatum, Name und Adresse Ihrer Firma).
- bei vielen Hotels eine Anreise nach 18 Uhr ausdrücklich vereinbart werden muss.
- Sie einen im Zielland akzeptierten und lesbaren Führerschein brauchen, wenn Sie einen Mietwagen reserviert haben.
- Sie den Abwesenheits-Assistenten vielleicht auch auf Deutsch formulieren, wenn Sie häufig mit deutschsprachigen Geschäftspartnern per E-Mail kommunizieren.

1 **Kreuzen Sie an, was für Sie zutrifft.**

Ich habe schon einmal eine Einladung auf Deutsch geschrieben. ○
Ich habe schon einmal ein Dankschreiben auf Deutsch verfasst. ○
Ich habe schon einmal eine Geschäftsreise organisiert und
dabei mit Hotels, Mietwagenfirmen etc. auf Deutsch kommuniziert. ○

2 **Was aus Aufgabe 1 machen Sie gerne, was machen Sie nicht so gerne? Sprechen Sie zu zweit und berichten Sie dann im Kurs.**

3 **Können Sie sich vorstellen, dass bei einer Einladung, einem Dankschreiben oder auf einer Geschäftsreise etwas schieflaufen kann? Haben Sie selbst vielleicht schon entsprechende Erfahrungen gemacht? Sprechen Sie zu zweit darüber und berichten Sie dann im Kurs.**

Textbeispiele

Terminverschiebung

An:	marzahn@luedersundbaran.de
Betreff:	Terminverschiebung

Sehr geehrter Herr v. Marzahn,

leider muss ich unseren Termin am kommenden Donnerstag, den 01.03., wegen einer unvorhergesehenen Dienstreise absagen. Wir sollten uns aber unbedingt bald treffen, um über das Konzept für unseren neuen Messestand zu sprechen: Ich schlage Dienstag-vormittag ab 10.00 Uhr oder Mittwochnachmittag ab 14.00 Uhr vor.
Bitte schreiben Sie mir eine E-Mail, wenn Ihnen einer dieser beiden Termine recht ist. Wenn nicht, dann müssen wir den Termin auf übernächste Woche verschieben oder auf Mittwoch dieser Woche vorverlegen. In diesem Fall rufen Sie mich bitte heute oder morgen an.

Mit freundlichen Grüßen
Claudia Behrendt

Incentives · Groups · Meetings ·
Special-Tours · FIT ·
Outgoing/Incoming

Globus Reisebüro GmbH
Marketing
Postfach 1446 · 25404 Pinneberg
Tel.: 04101 6506-70
Fax: 04101 6506-74
E-Mail: behrendt@globus-reise.de
Internet: http://www.globus-reise.de

Einladung

Monsieur Olivier Brisson
Vevel Automobiles
2 rue Voltaire
92739 NANTERRE CEDEX
FRANCE

BAUER Components GmbH

35582 Wetzlar · Poststr. 10–12
www.bauer-components.com
info@bauer-components.com

Einladung zur Präsentation   20.08.20..

Sehr geehrter Herr Brisson,

zur diesjährigen Internationalen Automobilausstellung in Frankfurt stellen wir unser neues variables Ansaugsystem *VICS* vor.
Die Präsentation findet
am Freitag, dem 28.09., um 10.30 Uhr
an unserem Messestand (Stand 34, Halle 3)
statt. Als langjährigen Kunden unserer Firma möchten wir Sie herzlich dazu einladen. Bitte lassen Sie uns wissen, ob Sie kommen.

Mit freundlichen Grüßen

Manfred Schulze

ppa. Manfred Schulze
manfred.schulze@bauer-components.com

Anlagen:
Produktbeschreibung
Antwortkarte

Dankschreiben

INSTITUT FÜR GRENZÜBERSCHREITENDES BILDUNGSMANAGEMENT

Drienová 14 · 821 01 BRATISLAVA 1 · SLOVENSKÁ REPUBLIKA · www.eubm.sk · info@eubm.sk

Frau Prof. Dr. Annamaria Katzmann
Fachhochschule für
Finanzwesen und Rechnungsprüfung
Am Alten Markt 2
71466 SAUERBRUNN
DEUTSCHLAND

09.03.20..

Ihr Vortrag am 08.03.20..

Sehr geehrte Frau Prof. Dr. Katzmann,

im Namen unseres Instituts möchte ich mich bei Ihnen für den herzlichen Empfang und den Vortrag sehr bedanken. Die Informationen, die wir durch Sie erhalten haben, sind für uns äußerst nützlich. Wir würden uns deshalb freuen, wenn es bald zu einem zweiten Treffen käme. Es wäre schön, wenn dieses bei uns stattfinden könnte.

Wir freuen uns sehr auf die künftige Zusammenarbeit mit Ihnen.

Mit freundlichen Grüßen

N. Petrényiová
i. A. Natália Petrényiová

An: info@blaues-haus.de

Betreff: Tischreservierung

Sehr geehrte Damen und Herren,

wir möchten unsere Hamburger Geschäftspartner zu einem Abendessen in Ihrem Restaurant einladen. Deshalb würden wir gerne am 18.06.20.. um 19.30 Uhr einen Tisch für 6 Personen bei Ihnen reservieren.
Bitte schicken Sie uns eine kurze Bestätigung, ob die Reservierung klappt.
Vielen Dank im Voraus.

Mit freundlichen Grüßen
i. A. Anna Livshina

TEC NOVA

Dmitrovskoye Shosse, 27
127616 Moscow
Tel.: +7 495 937 890-33
Fax: +7 495 937 890-30
E-Mail: anna.livshina@tecnova.ru

Tischreservierung

Hotelreservierung / Stornierung

An: reservierung@pazific-hotel.de

Betreff: Reservierungsnummer 06578 – Stornierung

Sehr geehrte Damen und Herren,

leider müssen wir unsere Buchung vom 17.07.20.. für
ein Einzelzimmer vom 03.11. bis zum 04.11.20..
stornieren, da der Geschäftstermin verschoben wurde.
Bitte bestätigen Sie uns die Aufhebung der Reservierung kurz schriftlich. Vielen Dank.

Mit freundlichen Grüßen
Ship & Boat
i. A. Liping Xu

Ship & Boat
*Jin Jang Road · Shanghai
Tel.: +8621 1390 1892-12
Fax: +8621 1390 1892-16
E-Mail: liping.xu@ship&boat.com*

An: reservierung@comfort-hotel.com

Betreff: Reservierung

Sehr geehrte Damen und Herren,

wir möchten ein Einzelzimmer mit Frühstück
vom 09.10.–14.10. (fünf Nächte) zum Preis von
EUR 195,00 pro Nacht bei Ihnen reservieren.
Herr Glinka wird am 09.10. voraussichtlich
gegen 19 Uhr bei Ihnen eintreffen.
Bitte bestätigen Sie uns diese Reservierung.
Vielen Dank.

Mit freundlichen Grüßen
i. A. Elena Golova

....

Swesda-Press
Mikhailovskaya 5/9
186 St. Petersburg
Tel.Nr: +7 812 320 456-70
Fax: +7 812 321 456-73
E-Mail: elena.golova@swesda-press.ru

Autoanmietung

An: hurtig@autovermietung.de

Betreff: Reservierung

Sehr geehrte Damen und Herren,

hiermit möchten wir ein Fahrzeug der Mercedes C-Klasse
mit Vollkasko-Versicherung bei Ihnen mieten.
Ort Anmietung: Hamburger Flughafen
Datum: 17.06.20.. Uhrzeit: ca. 14 Uhr
Ort Abgabe: Frankfurter Flughafen
Datum: 21.06.20.. Uhrzeit: ca. 18 Uhr
Bitte schicken Sie uns eine Bestätigung der Reservierung.
Vielen Dank.

Mit freundlichen Grüßen
TecNova
i. A. Anna Livshina

TEC NOVA
Dmitrovskoye Shosse 27
127616 Moscow
Tel.: +7 495 937 890-33
Fax: +7 495 937 890-30
E-Mail: anna.livshina@tecnova.ru

A Formulierungstraining

A1 Was passt zusammen? Ordnen sie zu.

1 Liebe
2 unser Gespräch am 08.08.
   müssen wir
3 Ich würde mich aber freuen,
4 Passt Ihnen
5 Wenn nicht,
6 Ich bin heute noch

A Frau v. Hagen,
B Mittwoch um 15.00 Uhr?
C bis 18.00 Uhr in meinem Büro erreichbar.
D wenn wir es in der nächsten Woche nachholen könnten.
E wegen einer außerplanmäßigen Sitzung leider verschieben.
F dann müssen wir telefonisch einen neuen Termin vereinbaren.

A2 Was passt zusammen? Ordnen sie zu.

1 Sehr geehrte
2 wir möchten die Eröffnung unserer neuen Hamburger Filiale
3 Wir haben gehört, dass Sie in Ihrem Restaurant leckere Überraschungsmenüs
4 Gibt es bei Ihnen für kleinere Gruppen
5 Wenn ja, könnten wir diesen Raum am 04.05.20..
6 Bitte geben Sie uns

A bald Bescheid.
B einen Extraraum?
C Damen und Herren,
D mit unseren Geschäftsfreunden feiern.
E ab 19 Uhr für 15 Personen reservieren?
F zu einem guten Preis-Leistungs-Verhältnis anbieten.

A3 Ergänzen Sie.

eindrucksvoll • fortsetzen • herzlich • hoffe • im Namen • informativ • mich • sehr • zu

Sehr geehrter Herr Dr. Stein,

_____ (1) meiner Firma möchte ich _____ (2) bei Ihnen für die Einladung _____ (3) Ihrer Präsentation ganz _____ (4) bedanken. Die Veranstaltung war für mich und meine Mitarbeiter ausgesprochen _____ (5). Auch war Ihr Messestand sehr _____ (6) gestaltet.
Ich _____ (7), dass wir unser Gespräch bald _____ (8) können.

Mit freundlichen Grüßen

A4 **Ergänzen Sie.**

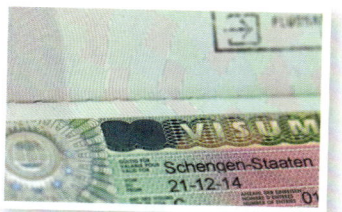

ausgestellt • bestätigen • Einzelzimmer • Frühstück •
Reservierung • stornieren • Stornierung • Visum • Voraus

Sehr geehrte Frau Jurich,

unsere _____ (1) mit der Nummer 004587 für ein _____ (2)

mit _____ (3) vom 23.05.–28.05.20.. müssen wir leider _____ (4),

da das _____ (5) nicht rechtzeitig _____ (6) wurde.

Bitte _____ (7) Sie uns die _____ (8).

Vielen Dank im _____ (9).

Mit freundlichen Grüßen

A5 **Was passt zusammen?**
Ordnen sie zu.

1 Lieber   A in unserem Stammwerk
2 wir freuen uns sehr   herzlich willkommen.
3 Wir heißen Sie und Ihre Abteilung   B ein interessantes Programm ausgedacht.
4 Wir haben uns für die Gruppe   C unvergessliches Erlebnis.
5 Nach dem ‚offiziellen' Teil planen wir   D auf Ihren Besuch bei uns ab dem 25.05.20..
6 Das wird bestimmt ein   E eine angenehme Anreise.
7 Ich hoffe, Sie haben   F Herr Fraga,
                                      G eine Floßfahrt auf der Isar mit Musik.

A6 **Was meinen Sie: Was ist auf einer Geschäftsreise in Deutschland üblich?**
Kreuzen Sie an.

In den deutschsprachigen Ländern ist es üblich ...

	eher ja	eher nein
1 ... Trinkgeld zu geben.	○	○
2 ... Wasser zum Essen extra zu bestellen.	○	○
3 ... Blumen mitzubringen, wenn man in ein Privathaus eingeladen wird.	○	○
4 ... während des Essens oder Trinkens leise zu schmatzen oder zu schlürfen.	○	○
5 ... bei einem gemeinsamen Essen mit anderen vor dem Essen „Guten Appetit" zu wünschen.	○	○

Komparativ – Superlativ

	Hotel ***: EUR 195,00	Hotel ****: EUR 225,00	Hotel *****: EUR 280,00
	Hotel *** ist teuer.	Hotel **** ist teurer.	Hotel ***** ist am teuersten.
		Komparativ	**Superlativ**	
Regelmäßige Formen	billig	billig**er**	am billig**sten**	
	weit	weit**er**	am weit**esten**	extra -e- nach t, d, s, sch, ss, ß, tz, z
Einsilbige Adjektive mit a, o, u	alt	**ä**lter	am **ä**ltesten	a → ä
	groß	gr**ö**ßer	am gr**ö**ßten	o → ö
	kurz	k**ü**rzer	am k**ü**rzesten	u → ü
Adjektive auf -el oder -er	dunkel	dunk**l**er	am dunkelsten	
	teuer	teu**r**er	am teuersten	
Unregelmäßige Formen	gern	**lieber**	am **liebsten**	
	gut	**besser**	am **besten**	
	viel	**mehr**	am **meisten**	
	hoch	**höher**	am **höchsten**	
	nah	nä**h**er	am nä**ch**sten	

B1 **Ergänzen Sie das Adjektiv im Komparativ.**

1 Der Ertrag müsste viel (hoch) _____ sein.
2 Die Zinsen müssten (niedrig) _____ werden.
3 Der Auftrag hätte (früh) _____ kommen müssen.
4 Die Firma muss in Zukunft (schnell) _____ liefern.
5 Die allgemeine Wirtschaftslage muss unbedingt (gut) _____ werden.

B2 **Ergänzen Sie das gegenteilige Adjektiv im Komparativ.**

1 Die Farben sind zu hell, sie sollten _____ sein.
2 Unsere Waren sind zu billig, sie müssen _____ werden.
3 Die Verpackung ist unmodern, sie muss _____ werden.
4 Die Produktionsanlagen sind ineffektiv, sie müssen _____ arbeiten.
5 Die Firma hat bisher nicht viel investiert, sie muss _____ investieren.

B3 Ersetzen Sie den Ausdruck mit *machen* durch ein Verb mit *ver-*.

1 kürzer machen – _verkürzen_

2 größer machen – _____

3 länger machen – _____

4 besser machen – _____

5 schöner machen – _____

Komparativ und Superlativ vor einem Nomen

	Komparativ	Superlativ
der billige Wagen	*der billigere Wagen*	*der billigste Wagen*
eine gute Lösung	*eine bessere Lösung*	*die beste Lösung*
hohe Kosten	*höhere Kosten*	*die höchsten Kosten*

Wenn das Adjektiv im Komparativ oder Superlativ vor einem Nomen steht, gelten die Regeln der Adjektivdeklination (siehe Lektion 2 und 3).

B4 Ergänzen Sie das Adjektiv entweder im Komparativ (II) oder im Superlativ (III).

1 Die Firma stellt _____ Produkte her (nachhaltig, II) als früher.

2 Sie verfügt über die _____ Produktionsanlagen (effizient, III) und hat
die _____ Mitarbeiter (gut, III).

3 Deshalb kann sie zu _____ Bedingungen (günstig, II) als die Konkurrenz liefern.

4 Sie betreibt eine _____ Marketingstrategie (erfolgreich, II) als ihre
Mitkonkurrenten, da sie _____ (kundenorientiert, II) argumentiert.

5 Sie hat einen _____ Marktzugang (schnell, II) und kann die _____ Produkte
(viel, III) absetzen.

6 Sie bietet auch den _____ Kundendienst (zuverlässig, III) und
_____ Preise (niedrig, II) als die Konkurrenz.

7 Die meisten Kunden haben heute _____ Ansprüche (hoch, II) an die technische Beratung;
sie muss _____ (professionell, II) arbeiten als früher.

Vergleiche

Wenn zwei Dinge gleich sind,

- benutzen Sie *so* + Adjektiv + *wie*:

  *Unsere Firma arbeitet **so effektiv wie** die Konkurrenz.*

  *Die neue Produktionsanlage ist **so produktiv, wie** wir erwartet haben.*

Wenn zwei Dinge unterschiedlich sind,

- benutzen Sie das Adjektiv im Komparativ + *als*:

  *Wir arbeiten **effektiver als** die Konkurrenz.*

  *Die Firma hatte **höhere** Kosten, **als** sie ursprünglich kalkuliert hatte.*

- benutzen Sie *anders* + *als*:

  *Heute sind die Anforderungen an den Kundendienst **anders als** vor zehn Jahren.*

  *Die Kosten entwickelten sich **anders, als** es geplant war.*

- benutzen Sie *nicht so* + Adjektiv + *wie*:

  *Die Konkurrenz arbeitet **nicht so effektiv wie** wir.*

  *Der Service ist **nicht so gut, wie** man es erwarten könnte.*

Wenn zwei Dinge sich proportional zueinander verhalten,

- benutzen Sie *je* + Komparativ … *umso/desto* + Komparativ:

  ***Je besser** das Marketing ist, **umso mehr** Produkte werden verkauft.*

  ***Je schneller** die Produktion ist, **desto größer** ist das Warenangebot.*

Der Satz mit *je* steht immer an erster Stelle und ist ein Nebensatz, das Verb steht am Satzende.
Der Satz mit *umso/desto* ist ein Hauptsatz, das Verb steht an Position 2.

Bitte achten Sie auf folgenden Unterschied:

In Asien gibt es andere Umgangsformen als in Europa.

Hier vergleichen Sie die Umgangsformen in Asien mit den Umgangsformen in Europa.

In Asien gibt es unterschiedliche/verschiedene Umgangsformen.

Hier vergleichen Sie die Umgangsformen in Asien miteinander.

B5 **Bilden Sie Sätze mit *so … wie* und *als*.**

1 die Produkte – sein – preisgünstig – im letzten Jahr

   Die Produkte sind so preisgünstig wie im letzten Jahr.
   Die Produkte sind preisgünstiger als im letzten Jahr.

2 er – arbeiten – jeden Tag – lang – sein Kollege

3 die Investitionen – sein – hoch – vor zwei Jahren

4 die neue Maschine – funktionieren – gut – das alte Modell

5 unsere Angebote – sein – attraktiv – die Angebote der Konkurrenz

B6 **Verbinden Sie die Sätze mit *je ... desto*.**

1 Der Wechselkurs der Währungen ist stabil. Die Unternehmen können exakt kalkulieren.
Je stabiler der Wechselkurs der Währungen ist, desto exakter können die Unternehmen kalkulieren.

2 Die Kollegen sind motiviert. Sie machen ihre Arbeit gern.

3 Die Wirtschaftslage ist schlecht. Die Umsätze der Firmen sind gering.

4 Die Mitarbeiter sind flexibel. Die Probleme werden schnell gelöst.

5 Sprechen Sie den Kunden persönlich und direkt an. Er wird positiv reagieren.

6 Die Mitarbeiter sind qualifiziert. Die Wettbewerbsfähigkeit des Unternehmens ist gut.

7 Die Vorteile des Produkts sind klar dargestellt. Das Angebot wird für den Kunden attraktiv.

C   Schreibtraining

C1 **Schreiben Sie eine Mail.**

Sie sind:	Sie selbst
Sie schreiben an:	einen langjährigen Geschäftspartner
Sie wollen:	sich bedanken für die Einladung zum 100-jährigen Jubiläum seiner Firma mit Gala-Diner in einem Luxushotel

C2 **Schreiben Sie eine Mail.**

Sie sind:	Sie selbst
Sie schreiben an:	einen Kunden Ihrer Firma
Sie wollen:	einen Termin, den Sie mit ihm für nächste Woche vereinbart hatten, auf diese Woche vorverlegen oder übernächste Woche verschieben. Den Grund denken Sie sich selbst aus.

C3 **Schreiben Sie eine Mail.**

Sie sind:	Container Shipping Group, Hong Kong
Sie schreiben an:	Smart Hotel, Hannover
Sie wollen:	zwei Einzelzimmer mit Frühstück für die Zeit der diesjährigen Cebit Hannover reservieren. Die Anreise ist am Tag vor Messebeginn gegen 20 Uhr, die Abreise am Tag nach der Messe.

C4 **Schreiben Sie eine Mail.**

Sie sind:	Firma TeleNova, Warschau
Sie schreiben an:	Bürgerbräuhaus, München
Sie wollen:	wie jedes Jahr 20 Personen zu einem Abendessen während der diesjährigen *Systems* in München einladen. Im letzten Jahr war die Blasmusik sehr laut. Deswegen konnten sich die Gäste nicht unterhalten. Bitten Sie um einen Nebenraum.

Lösungen

Lektion 1

1 Richtig sind: 1, 2, 3, 5, 6, 7, 9

A1 1F, 2A, 3E, 4B, 5D, 6C

A2 1B, 2F, 3C, 4E, 5D, 6A

A3 1 geehrte, 2 Hersteller, 3 Partner, 4 Produkte, 5 Produktionsprogramm, 6 zu geben, 7 legen ... bei, 8 spezialisiert, 9 verfügen, 10 mitzuteilen, 11 tätig, 12 freundlichen

A4 Sehr geehrte Damen und Herren, wir sind der größte taiwanesische Importeur von Autoersatzteilen und suchen die Zusammenarbeit mit leistungsfähigen Firmen, die sich für den Vertrieb ihrer Produkte in unserem Land interessieren. Damit Sie einen Überblick über unser Angebot bekommen, legen wir Prospekte bei. Bitte senden Sie uns ein Verzeichnis mit den Namen und Adressen der führenden bayerischen Firmen dieser Branche zu. Mit freundlichen Grüßen

B1 1 Die Firma sucht einen neuen Markt, um ihren Absatz zu erhöhen. 2 Das Unternehmen modernisiert die Maschinen, um schneller und billiger produzieren zu können. 3 Wir wenden uns an Sie, um Informationen über die aktuelle Marktlage zu bekommen.

B2 1 Wir brauchen zuverlässige Lieferanten, damit unsere Produkte rechtzeitig auf den Markt kommen. 2 Wie verarbeiten nur die besten Rohstoffe, damit die Qualität gewährleistet ist. 3 Die Firma investiert viel, damit dieses Projekt ein Erfolg wird.

B3 1 Besonders mit dänischen Firmen würden wir gern Kontakt aufnehmen, um uns über die Chancen auf diesem Markt zu informieren. 2 Unser Unternehmen sucht die Kooperation mit einem zuverlässigen Partner, damit unsere Waren in ganz Dänemark verkauft werden können. 3 Zwei unserer Manager reisen nach Kopenhagen, um den dänischen Markt kennenzulernen.

B4 sich interessieren für + Akk., beginnen mit + Dat., teilnehmen an + Dat., sich unterhalten mit + Dat. / über + Akk., sich erkundigen bei + Dat./nach + Dat., bitten um + Akk., abhängen von + Dat., verfügen über + Akk., sich vorbereiten auf + Akk., sich freuen auf + Akk., sich konzentrieren auf + Akk., sich gewöhnen an + Akk., denken an + Akk., sich beschäftigen mit + Dat., sprechen mit + Dat., sich freuen über + Akk.

B5 1 an, 2 damit, 3 an, 4 für, 5 auf, 6 vom, 7 danach, 8 darauf, 9 Über, 10 darüber

C2 1, 2, 4, 6

Lektion 2

1 Richtig sind: 1, 2, 5, 6

2 Richtig sind: 1, 2, 4

A1 1E, 2L, 3B, 4G, 5M, 6A, 7J, 8K, 9F, 10I, 11C, 12D, 13H

A2 1 aufgrund, 2 Empfehlung, 3 expandierendes, 4 Unternehmen, 5 für, 6 vom, 7 senden, 8 so, 9 wie, 10 unverbindliches, 11 ausführlichen, 12 Lieferzeiten, 13 Klärung, 14 Verfügung, 15 Voraus

B1 1 der -e, 2 das -e, 3 die -e, 4 diese -en, 5 jedes -e, 6 die -en, 7 alle -en, 8 keine -en, 9 diesen -en, 10 allen -en, 11 diesem -en, 12 den -en, 13 des -en, 14 der -en, 15 eine -en, 16 einem -en

B2 1 -e, 2 -en, 3 -en, 4 -en, 5 -en, 6 -en

B3 1 das -nis, 2 die -ei, 3 die -e, 4 der -er, 5 die -ion, 6 die -e, 7 das -um, 8 der -er, 9 die -ei, 10 die -ung, 11 das -o, 12 die -ung, 13 der -er, 14 die -ung, 15 die -e, 16 die -ung, 17 der -or, 18 die -schaft, 19 die -e, 20 der -ist

B4 der: Anbieter, Faktor, Laden, Lieferant, Vertreter; das: Element, Format, Konto, Erzeugnis, Plakat, Zentrum; die: Bestellung, Gewerkschaft, Industrie, Schwierigkeit, Ware

B5 1 Ihre, 2 Ihrer, 3 der, 4 einer, 5 Dieses, 6 kein, 7 eine, 8 eine, 9 der, 10 unser, 11 der, 12 Ihren

B6 1 Ihre neue, 2 das größte – in diesem expandierenden, 3 Mit unseren innovativen – der letzten, 4 Der entscheidende – das fantastische, 5 Eine projektbezogene – eine finanzielle – unserem leistungsfähigen, 6 die neue

Lektion 3

1 Richtig sind: 1, 2, 3, 5, 7

A1 1E, 2C, 3D, 4B, 5G, 6F, 7A

A2 1 Ab Werk; 2 Frei Frachtführer; 3 Frei Längsseite Seeschiff; 4 Frei an Bord; 5 Kosten und Fracht; 6 Kosten, Versicherung und Fracht; 7 Frachtfrei; 8 Frachtfrei versichert; 9 Geliefert Terminal; 10 Geliefert benannter Ort; 11 Geliefert verzollt

A3 1 gefreut, 2 erhalten, 3 gewünschte, 4 pro Stück, 5 Nettopreis einschließlich, 6 begleichen, 7 Skonto, 8 innerhalb von, 9 ohne Abzug, 10 Mengenrabatt, 11 bestellen, 12 liefern, 13 frei Haus, 14 Bestellung, 15 Lieferung

A4 1C, 2B, 3G, 4E, 5I, 6D, 7A (oder 6A, 7D), 8H, 9F

B1 1 der 2 keinen, 4 den, 5 Ihre, 7 einem, 9 ihren, 10 keinem, 12 einen, 14 keine, 15 seinen, 17 unseren

B2 1 -es, 2 -er, 3 -es, 4 -er, 5 -er, 6 -em, 7 -er, 8 -en, 9 -en, 10 -e

base64...

B3 2 dieser, 3 das, 4 neues, 5 unserem, 6 echtem, 7 ähnliche, 8 eine, 9 seinen, 10 freundlichen

B4 1 geehrte, 2 vielen, 3 neuen, 4 flexibles, 5 modernster, 6 aktuellen, 7 genauer, 8 vielfältigen, 9 aktive, 10 passende, 11 geltenden, 12 genauen, 13 beiliegenden, 14 effektive, 15 freundlichen

B5 1 das Verpackungsmaterial, 2 der Preisvergleich, 3 der Informationsaustausch, 4 das Fabrikgelände, 5 die Gehaltserhöhung, 6 das Wirtschaftswachstum, 7 der Schwierigkeitsgrad, 8 der Arbeitsplatz, 9 die Mehrwertsteuer

B6 Stuttgart, den 12.08.20..
Sehr geehrte Damen und Herren,
wir danken Ihnen für Ihre Anfrage vom 5.08.20.. Sie suchen eine repräsentative Halle, da Sie ... Wir empfehlen Ihnen entweder eine große, 40 m ... Letztere haben den Vorteil, dass ...
Wir möchten Sie noch darauf aufmerksam machen, dass wir einen Miet- und Leasing-Service entwickelt haben, um flexibel... Die Kosten für Bauteile, Lieferung und Aufbau der Hallen entnehmen Sie bitte dem beiliegenden Katalog, in dem...
...

Lektion 4

1 Richtig sind: 1, 2, 4, 6

A1 1D, 2J, 3K, 4A, 5I, 6H, 7B, 8F, 9C, 10G, 11E

A2 1 Glückspilz, 2 nämlich, 3 dabei sein, 4 über, 5 Gewinnchance, 6 höchste, 7 geht, 8 bis, 9 steuerfrei, 10 Schritt, 11 glückliche, 12 Erfüllen, 13 endlich, 14 wünscht

B1 1 durcharbeiten, 2 ausarbeiten, 3 bearbeiten, 4 mitarbeiten, 5 überarbeiten, 6 verarbeiten, 7 zusammenarbeiten, 8 nacharbeiten; Trennbar sind: 1 durcharbeiten, 2 ausarbeiten, 4 mitarbeiten, 7 zusammenarbeiten, 8 nacharbeiten

B2 2 Sie berät die Kunden. 3 Sie nimmt Telefonate an. 4 Sie entwirft eine / die neue Werbekampagne. 5 Sie liest die Texte der Kollegen durch. 6 Sie sieht sich die letzten Entwürfe an. 7 Sie vergleicht alle Angebote. 8 Sie überzeugt den Chef. 9 Sie reicht ihren Urlaubsantrag ein.

B3 1 durcharbeiten 2 überarbeiten / bearbeiten, 3 verarbeitet, 4 arbeitet ... mit, 5 zusammenzuarbeiten, 6 ausarbeiten, 7 nacharbeiten, 8 bearbeiten / überarbeiten

B4 2 Sie hat die Kunden beraten. 3 Sie hat Telefonate angenommen. 4 Sie hat eine / die neue Werbekampagne entworfen. 5 Sie hat die Texte der Kollegen durchgelesen. 6 Sie hat sich die letzten Entwürfe angesehen. 7 Sie hat alle Angebote verglichen. 8 Sie hat den Chef überzeugt. 9 Sie hat ihren Urlaubsantrag eingereicht.

B5 1 übernachtet, 2 erledigt, 3 storniert, 4 verschoben, 5 bestellt, 6 kontaktiert, 7 erteilt, 8 nachgedacht, 9 unternommen

Lektion 5

1 Richtig sind: 1, 3, 4, 5, 6

A1 1D, 2F, 3G, 4B, 5A, 6C, 7E

A2 1 über unsere Druckmaschinen ... 2 Wir nehmen an, ... 3 weil Sie die Neuerungen ... 4 die Druckgeschwindigkeit ... 5 und den Wartungsaufwand ... 6 Trotz dieses Fortschritts 7 konnten wir die Preise ... 8 Zur besseren Information ... 9 eine ausführliche technische ...

A3 1 über, 2 zugeschickt, 3 anzusehen, 4 letzte, 5 Zufriedenheit, 6 wissen, 7 interessant, 8 lässt, 9 Sensation, 10 Messe, 11 vorbeikommen, 12 Gerät, 13 Eigenschaften, 14 Termins, 15 entschließen, 16 Rabatt

B1 1 ist, 2 hat – ist, 3 hat, 4 ist, 5 hat, 6 hat, 7 ist, 8 hat – hat, 9 hat – ist

B2 1 habe, 2 bin, 3 ist, 4 hast, 5 habe, 6 bin, 7 habe, 8 bin, 9 sind, 10, haben, 11 hat

B3 2 Sie hat schon / bereits begonnen. 3 Ich habe sie schon / bereits angeschrieben. 4 Ich habe es ihm schon / bereits mitgeteilt. 5 Ich habe ihn schon / bereits umgebucht. 6 Ich habe sie schon / bereits kopiert. 7 Es hat schon / bereits stattgefunden. 8 Sie ist schon / bereits gelandet. 9 Er hat sich schon / bereits gemeldet. 10 Ich habe sie schon / bereits organisiert.

B4 1 Auf dem Firmengelände durfte man nicht parken. 2 Weil Herr Maier bis Ende Mai krank war, konnte das Projekt nicht abgeschlossen werden. 3 Auf der Messe hatten Firmen die Möglichkeit, ihre neuesten Erzeugnisse der Öffentlichkeit vorzustellen. 4 Herr Müller wollte sich mit seinen Geschäftspartnern treffen, um den Vertrag zu unterzeichnen. 5 Leider musste ich den Termin am Montag absagen, weil ich verhindert war. 6 Unser Betriebsausflug nach Salzburg: Wer Interesse hatte, konnte nach dem Mittagessen das Schloss besichtigen. 7 Wir mussten den Kunden leider mitteilen, dass die bestellten Waren nicht lieferbar waren. 8 Frau Krause musste dringend nach Hamburg fahren. Sie war deshalb den ganzen Tag nicht zu erreichen.

B5 1 Als, 2 Wann, 3 Als, 4 wenn, 5 wann, 6 als, 7 Immer wenn

Lektion 6

1 Richtig sind: 1, 3, 4

2 Richtig sind: 1, 3, 4

A1 1C, 2E, 3G, 4F, 5A, 6D, 7B

A2 1 für, 2 vom, 3 Rücksprache, 4 bestelle, 5 benötigen, 6 zuzüglich, 7 aufrechterhalten, 8 bestätigen, 9 Auftrag, 10 wie, 11 nennen, 12 frühestens, 13 abholen, 14 spätestens, 15 annehmen, 16 gewähren, 17 Zeit

A3 1E, 2L, 3J, 4F, 5A, 6M, 7D, <u>8H</u>, <u>9K</u>, <u>10B</u>, <u>11N</u>, <u>12G</u>, 13C, 14I oder: 1E, 2L, 3J, 4F, 5A, 6M, 7D, <u>8B</u>, <u>9N</u>, <u>10G</u>, <u>11H</u>, <u>12K</u>, 13C, 14I

B1 2E Wir bestellen die Kopierer bei Ihnen, wenn Sie uns 10 % Rabatt geben. 3A Sie bekommen Sonderkonditionen, wenn Sie uns den Auftrag geben. 4C Rufen Sie uns an, wenn Sie an unserem Angebot Interesse haben. 5B Sie können mit weiteren Aufträgen rechnen, wenn die gelieferten Waren von guter Qualität sind.

B2 2 Wenn die Firma Conan in Kürze liefert, können wir bald mit den neuen Kopierern arbeiten. 3 Wenn die Firma zu spät liefert, können wir die Ware nicht mehr annehmen. 4 Wenn der Kunde nicht pünktlich zahlt, können wir ihm keinen Rabatt gewähren. 5 Wenn die Firma die Ware nicht sachgemäß verpackt, nehmen wir die Lieferung nicht an.

B3 2 Liefert die Firma Conan in Kürze, können wir bald mit den neuen Kopierern arbeiten. 3 Liefert die Firma zu spät, können wir die Ware nicht mehr annehmen. 4 Zahlt der Kunde nicht pünktlich, können wir ihm keinen Rabatt gewähren. 5 Verpackt die Firma die Ware nicht sachgemäß, nehmen wir die Lieferung nicht an.

B4 1 Sollten Sie Hilfe bei der Buchung benötigen, kontaktieren Sie unseren Kundenservice. 2 Sollten Sie weitere Angebote wünschen, klicken Sie auf „weitere Verbindungen". 3 Sollten Sie über ein Kundenkonto verfügen, geben Sie Ihre Zugangsdaten ein. 4 Sollten Sie die Kreditkarte unserer Airline zur Zahlung benutzen, fallen keine Extra-Gebühren an. 5 Sollten Sie jetzt unsere Kreditkarte beantragen, bezahlen Sie 30 Euro weniger.

B5 1 Bei regelmäßigem Besuch unseres Fitnessstudios bekommen Sie ... 2 Bei effektivem Training stellt sich bald ein .. 3 Bei Vorlage dieses Gutscheins können Sie ... 4 Bei weiteren Fragen wenden Sie sich ... 5 Bei Interesse rufen Sie uns ... 6 Bei sorgfältiger Pflege halten die Geräte ... 7 Bei Sonderwünschen berät unsere Trainer Sie ... 8 Bei sofortiger Anmeldung ist ...

B6 1 Wenn Ihnen die Ware nicht gefällt, kann sie umgetauscht werden. 2 Achten Sie auf sachgemäße Verpackung, wenn Sie die Ware versenden. 3 Wenn Sie den Vertrag abschließen / Wenn der Vertrag abgeschlossen wird, werden auch ... 4 Wenn Sie in Raten bezahlen, können wir Ihnen ... 5 Wenn Sie vor dem 31.03. bestellen, gewähren wir Ihnen ... 6 Wenn Sie den Auftrag nachträglich ändern, können wir ... 7 Wenn Sie die Bestellung widerrufen, benötigen wir ... 8 Wenn Sie den Auftrag erteilen, beziehen Sie sich bitte ...

B7 1 auf, 2 für, 3 um, 4 zur, 5 auf, 6 nach, 7 auf, 8 zwischen, 9 für, 10 über, 11 von, 12 Mit

Lektion 7

1 Richtig sind: 1, 2, 4

2 Richtig sind: 1, 2, 3

A1 1E, 2D, 3A, 4F, 5C, 6B

A2 1 Bestellung, 2 Leider, 3 bisherigen, 4 ausführen, 5 Aufgrund, 6 erhöhen, 7 auf, 8 Verständnis, 9 Preisliste, 10 zu, 11 bestätigen

B1 2 Bitte informieren Sie uns über Neuentwicklungen. 3 Bitte liefern Sie (uns) die Ware noch vor Weihnachten. 4 Bitte machen Sie (uns) ein Angebot. 5 Bitte teilen Sie uns den Liefertermin mit. 6 Bitte kommen Sie bald persönlich vorbei.

B2 1 Kennen, 2 weiß, 3 Wissen, 4 weiß ... kenne

B3 1 können ... kann ... weiß, 2 weiß ... kenne, 3 Wissen ... kann

B4 1 würden ... liefern 2 wären ... schicken würden 3 würden ... freuen 4 würde ... sprechen 5 könnte ... hätten

B5 1 wollen ... Möchtest / Willst ... magst 2 mag .. will / möchte ... Möchtest / Willst

B6 2 Würden / Könnten Sie bitte das Fenster öffnen / aufmachen? 3 Würden / Könnten Sie mir / uns bitte die Speisekarte bringen? 4 Würden / Könnten Sie uns bitte einen Stuhl bringen? 5 Was möchten Sie trinken? 6 Würden / Könnten Sie uns bitte die Rechnung bringen? 7 Wir möchten zahlen. / Wir würden gerne zahlen. / Könnten wir bitte zahlen?

Lektion 8

1 Richtig sind: 1, 2, 3

2 Richtig sind: 1, 2, 3, 5

A1 1D, 2B, 3I, 4A, 5F, 6G, 7H, 8C, 9E

A2 1 der Karton, -s 2 die Holzkiste, -n 3 die Lattenkiste, -n 4 der Container, – 5 die Palette, -n 6 der Sack, ⸚e 7 das Fass, Fässer 8 die Trommel, -n

A3 6A, 3B, 9C, 1D, 8E, 2F, 5G, 7H, 4I

A4 1E, 2C, 3B, 4A, 5F, 6D

B1 2 Ich werde den Kollegen anrufen. 3 Ich werde später beim Chef vorbeigehen. 4 Ich werde mit dem Lieferanten telefonieren. 5 Ich werde nachher bei Herrn Rörlich vorbeigehen. 6 Ich werde den Direktor morgen kontaktieren. 7 Ich werde dem Assistenten eine E-Mail schreiben. 8 Ich werde morgen mit dem / Ihrem Spezialisten sprechen.

B2 1 Kollegen, Herrn 2 Kunden ... Praktikanten 3 Gedanken 4 Präsident ... Namen 5 Nachbarn 6 Buchstaben

B3 2 Weil die Warenmenge sehr groß ist. 3 Weil der Kunde es ausdrücklich so will. 4 Weil nur ein Teil der Güter verschickt werden soll. 5 Weil der Kunde einen speziellen Versandweg wünscht.

B4 1 Die Firma liefert nicht, weil sie Konkurs gemacht hat. 2 Die Rechnung wird nicht bezahlt, denn die Summe stimmt nicht. 3 Da der Computer aus gefallen ist, klappt der Versand nicht. 4 Der Kunde ist verärgert, denn die Ware ist nicht pünktlich angekommen.

B5 1 Das Material ist nicht mehr in Ordnung, deshalb können die Kisten nicht mehr benutzt werden. 2 Die Firma hat noch Waren auf Lager, deswegen widerruft sie ihre Bestellung. 3 Frau Reese hat noch eine Frage zur Rechnung, darum telefoniert sie mit der Firma Thompson. 4 Die Waren sind aus Glas, deswegen muss man mit dem Paket vorsichtig umgehen.

B6 1 Wegen eines Unwetters konnte die Ware … 2 Aufgrund eines Fehlers bei der Mengenangabe stimmt der Rechnungsbetrag nicht. 3 Wegen seines Urlaubs kann Herr Mayer … 4 Aufgrund einiger Unklarheiten konnten die Verhandlungen … 5 Wegen einer Frage ruft Frau Emmerich …

Kapitel 9

1 Richtig sind: **1, 2, 3, 4, 5**

A1 **1C, 2A, 3B, 4D**

A2 1 Rechnungs-Nr., 2 erhalten, 3 angekommen, 4 stimmt, 5 genannte, 6 tatsächlichen, … überein, 7 deshalb, 8 Rechnungsbetrag, 9 abgezogen, 10 Überweisung, 11 wird … veranlasst

B1 1 Die Hannover-Messe wird morgen eröffnet. 2 Auf der SYSTEMS werden die neuesten Produkte vorgestellt. 3 Sie sind umgehend über unsere Neuentwicklung informiert worden. 4 Die Waren werden (von unserer Versandabteilung) sorgfältig verpackt. 5 Der Vertrag wird Ihnen (von unserer Buchhaltung) zugesandt. 6 Der Rechnungsbetrag wird (von uns) auf Ihr Konto überwiesen. 7 Die Rechnung ist (von uns) per Überweisung bezahlt worden. 8 Uns ist / Es ist uns (von Ihrer Buchhaltung) zu viel berechnet worden.

B2 1 Unser Kundendienst repariert morgen den Kopierer. 2 Wir führen die Bestellung so schnell wie möglich aus. 3 Bei Bezahlung innerhalb von zwei Wochen ziehen wir 2 % Skonto ab. 4 Wir haben Ihre Sonderwünsche berücksichtigt. 5 Ein Passwort schützt Ihre Kundendaten.

B3 1 Leider muss unsere Bestellung vom 18.05. widerrufen werden. 2 Ihr Auftrag kann nicht ausgeführt werden. 3 An der Lösung muss weitergearbeitet werden. 4 Der Termin muss unbedingt eingehalten werden. 5 Der Zahlungseingang konnte nicht bestätigt werden.

B4 1 Man muss die Abteilung endlich umstrukturieren. 2 Man kann den Termin nicht weiter hinausschieben. 3 Mit dem neuen Kopierer kann man schon arbeiten. 4 Wir müssen diesen Vorschlag unbedingt überprüfen. 5 Wir können die Frist leider nicht verlängern, …

B5 1 Dieser Mail-Anhang lässt sich nicht öffnen. 2 Frau Mayers Idee ist leider nicht zu realisieren. 3 Endgültig lassen sich die Kosten erst am Quartalsende kalkulieren. 4 Diese freie Stelle ist neu zu besetzen. 5 Der Fehler war nicht auf den ersten Blick zu erkennen.

B6 1 entzündliche 2 unverständliche 3 zerbrechliches 4 unverkäuflich 5 unerklärlichen

B7 1 Zahlbar, 2 brauchbaren, 3 durchführbar, 4 vergleichbar, 5 erreichbar

Kapitel 10

1 Richtig sind: **1, 2, 4, 5, 7**

A1 **1C, 2A, 3G, 4H, 5B, 6F, 7D, 8E**

A2 1 Nachfrist, 2 einhalten, 3 Verzögerung, 4 Erdbeben, 5 Lieferant, 6 befindet, 7 Bedarf, 8 höherer, 9 bedauern, 10 Schaden, 11 Forderung, 12 Schadenersatz, 13 geklärt, 14 Bescheid, 15 versichern, 16 Fertigstellung, 17 beschleunigen

A3 1 eine Druckmaschine … 2 In unserem Auftrag … 3 ausdrücklich darauf hingewiesen, 4 dass wir die Anlage … 5 Sie haben uns diesen Termin 6 am 28.04.20.. auch bestätigt. 7 Die Lieferung ist aber 8 immer noch nicht … 9 Da wir gegenüber … 10 vertragliche Verpflichtungen haben, 11 sind wir bereits … Auf eine Mahnung vom 01.07.20.. 12 haben Sie nicht reagiert. 13 Deshalb setzen wir … 14 eine Nachfrist bis … 15 Sollten Sie bis … 16 werden wir einen anderen … 17 Für eventuelle Mehrkosten … 18 werden wir Sie haftbar machen.

B1 2 Schön, dass er heute kommt. 3 Schade, dass sie geschlossen ist. 4 Zu dumm, dass ich ihn verpasst habe. 5 Schön, dass sie sie heute noch abschickt. 6 Wie ärgerlich, dass sie ihn nicht erreicht hat. 7 Gut, dass sie ihn noch heute überweist. 8 Prima, dass Sie es extra markiert haben. / dass du es extra markiert hast. 9 Gut, dass sie ihn informiert hat. 10 Sehr schade, dass es nicht mehr gilt.

B2 1 …, dass wir noch in diesem Monat liefern. 2 …, dass der Kunde morgen früh vorbeikommen will. 3 …, mich mit der Buchhaltung zu verbinden. 4 …, das Zahlungsziel um einen Monat zu verlängern. 5 …, Ihnen eine längere Frist einzuräumen. 6 …, einen enttäuschten Kunden zurückzugewinnen. 7 …, dass sie den Chef informieren muss. 8 …, Ihnen mitteilen zu können, dass unser neues Produkt auf dem Markt ist. 9 …, dass unsere Produktionsabteilung die Lieferung Ende des Monats benötigt.

B3 2 Wir werden alles tun, … 3 Wir werden Sie haftbar machen. 4 Wir werden Ihnen so bald wie möglich Bescheid geben. 5 Ich werde die Geschäftsleitung informieren. 6 Wir werden den Termin einhalten. 7 Ich werde Sie sofort informieren. 8 Wir werden Schadenersatz geltend machen. 9 Unsere Firma wird auf einen anderen Lieferanten zurückgreifen. 10 Der Prokurist wird den Vertrag unterschreiben.

B4 2 Mein Kollege wird wohl heute Nachmittag im Büro sein. 3 Die Firma wird vielleicht Terminschwierigkeiten haben. 4 Der Filialleiter wird wahrscheinlich auch zur Konferenz kommen. 5 Die Firmenleitung wird sich wohl an die Vereinbarung halten. 6 Der Betriebsrat wird zu diesem Problem vermutlich ausführlich Stellung nehmen.

B5 2 Herr von Asten wird den Vertrag wohl schon unterschrieben haben. 3 Tamara wird die E-Mail vermutlich schon beantwortet haben. 4 Die Geschäftspartner werden wohl eine Vereinbarung getroffen haben. 5 Das Flugzeug vom Chef wird wahrscheinlich schon gelandet sein. 6 Der Abteilungsleiter wird unsere Unterlagen vermutlich schon bekommen haben.

Kapitel 11

1 Richtig sind: **1, 2, 3, 4, 5**

2 Richtig sind: **1, 2**

A1 **1B, 2C, 3F, 4A, 5D, 6E**

A2 **1** leid, **2** allerdings, **3** hinweisen, **4** Garantiezeit, **5** abgelaufen, **6** Obwohl, **7** vorbeizuschicken, **8** festgestellten, **9** Mängel, **10** erforderlichen, **11** Kosten, **12** Regelung

B1 **1** …, warum die Sakkos kleine Webfehler haben.
2 …, ob Sie uns einen Preisnachlass geben können.
3 …, ob Sie mit dem Vorschlag einverstanden sind.
4 …, wo wir die Ware in Empfang nehmen können.
5 …, wie hoch der Mehrwertsteuersatz auf diese Ware ist. **6** …, ob Sie den Auftrag bestätigen wollen.

B2 **2** …, welche Lieferfrist die Firma hat. **3** …, ob die Garantiezeit schon abgelaufen ist. **4** …, mit wem ich gesprochen habe. **5** …, ob die Lieferung noch in dieser Woche kommt. **6** …, ob die Bestellung rückgängig gemacht wurde. **7** …, in welcher Farbe wir die Hemden bestellt haben. **8** …, ob wir die Reparatur auf unsere Kosten durchführen müssen.

B3 **1** obwohl, **2** trotzdem / dennoch, **3** Obwohl, **4** obwohl, **5** dennoch / trotzdem

B4 **1** Er ist ein guter Mitarbeiter, obwohl er das letzte Projekt nicht gut koordiniert hat. Er hat das letzte Projekt nicht gut koordiniert, trotzdem ist er ein guter Mitarbeiter. **2** Obwohl die Firma nicht dazu verpflichtet ist, gewährt sie einen Preisnachlass. Die Firma ist nicht dazu verpflichtet, trotzdem gewährt sie einen Preisnachlass. **3** Obwohl wir ausdrücklich hellblaue Hemden bestellt haben, haben Sie dunkelblaue Hemden geliefert. Wir haben ausdrücklich hellblaue Hemden bestellt, trotzdem haben Sie dunkelblaue Hemden geliefert. **4** Obwohl ich schon mehrmals bei der Firma an gerufen habe, habe ich Herrn Friedrich noch nicht erreicht. Ich habe schon mehrmals bei der Firma angerufen, trotzdem habe ich Herrn Friedrich noch nicht erreicht. **5** Die Ware ist bis heute noch nicht angekommen, obwohl wir sie per Express geschickt haben. Wir haben die Ware per Express geschickt, trotzdem ist sie bis heute noch nicht angekommen.

B5 **1** Ich habe die Firma noch nicht angerufen. **2** Wir haben keine Formulare mehr. **3** Der Kundendienst ist noch nicht informiert. **4** Unser Lieferant hat keine weiteren Fragen mehr. **5** Wir haben noch keinen Vertrag unterschrieben.

B6 **1** Die Garantiezeit ist schon abgelaufen. **2** Er hat noch weitere Beanstandungen. **3** Herr Merkel hat schon ein Angebot abgeschickt. **4** Der Mitarbeiter kommt heute noch zurück. **5** Der Vertrag kann noch rückgängig gemacht werden.

Kapitel 12

1 Richtig sind: **2, 4, 5**

A1 **1D, 2J, 3G/K, 4C, 5E, 6A, 7B, 8K/G, 9F/I, 10I, 11H**

A2 **1** fällig, **2** ausstehenden, **3** fristgerecht, **4** begleichen, **5** Buchhaltung, **6** umgestellt, **7** angewiesen, **8** Betrag, **9** überweisen, **10** für, **11** Verzögerung, **12** um

A3 **1** Sehr geehrte Damen und Herren, **2** trotz unserer Mahnungen vom 10.03. und 15.04.20.. **3** konnten wir für oben genannte Rechnungen **4** noch keinen Ausgleich finden. **5** Wir bitten Sie den Betrag bis spätestens 30.05.20.. **6** auf unser Konto zu überweisen. **7** Sollten wir bis zu diesem Termin **8** keinen Zahlungseingang feststellen können, **9** wird unsere Rechtsabteilung **10** ohne weitere Ankündigung **11** rechtliche Schritte veranlassen. **12** Falls zwischenzeitlich eine Zahlung erfolgt ist, **13** nehmen Sie bitte mit Herrn Horn Kontakt auf. **14** Mit freundlichen Grüßen

B1 **1** während, **2** Während, **3** bevor, **4** Nachdem, **5** Bevor

B2 **2** Nachdem Jonas den Text korrigiert hat, schickt er die Datei an seine Kollegen. Bevor Jonas die Datei an seine Kollegen schickt, korrigiert er den Text. **3** Nachdem Herr Gertz mit seinem Chef gesprochen hat, schickt er den Brief an die Bank ab. Bevor Herr Gertz den Brief an die Bank abschickt, spricht er mit seinem Chef. **4** Nachdem Frau Sill das Codewort genannt hatte, hat sie die gewünschte Information bekommen. Bevor Frau Sill die gewünschte Information bekommen hat, hatte sie das Codewort genannt. **5** Nachdem Michaela das Angebot des neuen Kreditinstituts gelesen hatte, hat sie mit der Hausbank ihrer Firma telefoniert. Bevor Michaela mit der Hausbank ihrer Firma telefoniert hat, hatte sie das Angebot des neuen Kreditinstituts gelesen.

B3 **2** … sie eintrifft. **3** ich sie kontrolliert habe. **4** die Konferenz zu Ende ist / beendet ist. **5** man wieder kopieren kann / der Kopierer repariert wird / ist.

B4 **2** Vor der dritten Mahnung kontrolliert der Buchhalter die Zahlungseingänge. **3** Während der Arbeit denkt er oft an seinen baldigen Urlaub. **4** Vor der Abreise will er noch die Korrespondenz erledigen. **5** Nach (der) Überweisung der letzten Rechnungen steigt er ins Taxi zum Flughafen.

B5 **2** Während sie telefoniert, kommt … **4** Nachdem sie telefoniert hat, druckt … **5** Bevor sie die Mahnung an die Rechtsabteilung weiterleitet, informiert … **5** Bevor sie die wichtigsten Punkte mit dem Abteilungsleiter bespricht, muss …

B6 **1A, 2E, 3D, 4F, 5B, 6C**

Kapitel 13

1 Richtig sind: **1, 3, 4, 6**

A1 **1B, 2A, 3D, 4G, 5F, 6E, 7C**

A2 1 in Höhe von, 2 fällig, 3 gesamten 4 Unwetter, 5 vernichtet, 6 schlage ... vor, 7 Anfangsbetrag, 8 überweise, 9 Abschlagszahlungen, 10 ersten Werktag, 11 Vorschlag, 12 akzeptieren, 13 einverstanden

A3 1 dass Ihr Kaufhaus ... 2 Zum Glück ist ... 3 sodass Sie bald ... 4 Bis zu diesem Zeitpunkt ... 5 mit einer Stundung ... 6 Ich denke, dass ... 7 um drei Monate ... 8 Der neue Fälligkeitstag, 9 der 15.02.

B1 1 denen, 2 der, 3 für das, 4 denen, 5 die, 6 das, 7 der, 8 an denen, 9 die, 10 für das

B2 1 den, 2 den / mit dem, 3 die, 4 die, 5 denen, 6 an denen, 7 dem, 8 den, 9 für das, 10 das

B3 2 Unser Beratungsingenieur, der im September in Hongkong ist, könnte ... 3 ... dem Interessenten, der Marktführer in Hongkong ist, unsere Termine zugeschickt. 4 Das Meeting, das wir für nächsten Donnerstag vereinbart hatten, musste ... 5 ... das Unternehmen, mit dem wir Geschäftsbeziehungen aufnehmen wollen, kreditwürdig. 6 ... ein Großhandelsunternehmen, das schon seit 75 Jahren besteht. 7 ... den Betrag, der in vier Wochen fällig ist, nicht vollständig bezahlen. 8 ... den Betrag, den Sie uns schuldig sind, einräumen. 9 ... die Zahlungen, die im nächsten Monat erwartet werden. 10 ... Weiterbildungsmöglichkeiten, die von renommierten Experten durchgeführt werden.

Kapitel 14

1 Richtig sind: 1, 2, 4

A1 1J, 2D, 3I, 4H, 5G, 6C, 7F, 8B, 9E, 10A

A2 1 über, 2 Auskunft, 3 seit, 4 reibungslos, 5 allerdings, 6 Zahlungsverpflichtungen, 7 Verzögerungen, 8 nachgekommen, 9 vermute, 10 Marktentwicklung, 11 eingeschätzt, 12 zu, 13 expandiert, 14 behandeln, 15 absolut vertraulich

B1 1 Die Firma, über deren Werbung in der Öffentlichkeit oft diskutiert wurde, ist international bekannt. 2 Die Geräte, an deren Design noch gearbeitet wird, müssen ... 3 Das Regal, dessen Aufbau auch Nicht-Profis bewältigen, ist sehr beliebt. 4 Fachwortschatz, dessen Bedeutung nur Spezialisten verstehen, sollte man ... 5 Eine Gebrauchsanleitung, deren Texte jeder versteht, ist leider ...

B2 2 Die Untersuchung, deren Ergebnis für niemanden überraschend ist, wird in ... 3 Das Unternehmen, dessen Kreditwürdigkeit geprüft wird, ist mit seinen ... 4 Der Werbemanager, auf dessen Kreativität sich die Firmenleitung verlässt, hat eine neue ... 5 ... ein Marktforschungsinstitut, dessen Trend-Analysen als seriös gelten.

B3 1 Dieses Schnellrestaurant, in dem sich vor allem junge Leute treffen, ist besonders beliebt. 2 In Peking, wo mehr als acht Millionen Einwohner leben, werden ... 3 Das Restaurant, in dem sich die Jugend der Stadt trifft, hat ... 4 ... eine nationale Fast-Food-Kette, in der man die beliebte vietnamesische Nudelsuppe serviert. 5 In Saigon, wo der Boom besonders stark ist, hat diese Kette ...

B4 ... einiges, was verbesserungsfähig wäre. 2 ... geben, was wir bedauern. 3 ... unregelmäßig, worüber sich viele Lieferanten beschwert haben. 4 ... auf, was für die Bonität des Kontoinhabers spricht. 5 ... sein, was sich auf die Zahlungsmoral auswirkt. 6 ... Unternehmen, worüber wir uns freuen. 7 ... geführt, wovon sich ein Beratungsunternehmen vor Kurzem überzeugt hat.

B5 1 was, 2 woran, 3 wozu, 4 wofür, 5 wovon, 6 womit, 7 worauf

B6 1 den, 2 über das, 3 deren, 4 wo, 5 was, 6 von denen, 7 worüber

Kapitel 15

A1 1A, 2E, 3D, 4B, 5F, 6C

A2 1C, 2D, 3F, 4B, 5E, 6A

A3 1 im Namen, 2 mich, 3 zu, 4 herzlich, 5 informativ, 6 eindrucksvoll, 7 hoffe, 8 fortsetzen

A4 1 Reservierung, 2 Einzelzimmer, 3 Frühstück, 4 stornieren, 5 Visum, 6 ausgestellt, 7 bestätigen, 8 Stornierung, 9 Voraus

A5 1F, 2D, 3A, 4B, 5G, 6C, 7E

A6 1 eher ja, 2 eher ja, 3 eher ja, 4 eher nein, 5 eher ja

B1 1 höher, 2 niedriger, 3 früher, 4 schneller, 5 besser

B2 1 dunkler, 2 teurer, 3 moderner, 4 effektiver, 5 mehr

B3 2 vergrößern, 3 verlängern, 4 verbessern, 5 verschönern

B4 1 nachhaltigere, 2 effizientesten, besten, 3 günstigeren, 4 erfolgreichere, kundenorientierter, 5 schnelleren, meisten, 6 zuverlässigsten, niedrigere, 7 höhere, professioneller

B5 2 Er arbeitet jeden Tag so lang wie sein Kollege. Er arbeitet jeden Tag länger als sein Kollege. 3 Die Investitionen sind so hoch wie vor zwei Jahren. Die Investitionen sind höher als vor zwei Jahren. 4 Die neue Maschine funktioniert so gut wie das alte Modell. Die neue Maschine funktioniert besser als das alte Modell. 5 Unsere Angebote sind so attraktiv wie die Angebote der Konkurrenz. Unsere Angebote sind attraktiver als die Angebote der Konkurrenz.

B6 2 Je motivierter die Kollegen sind, desto lieber machen sie ihre Arbeit. 3 Je schlechter die Wirtschaftslage ist, desto geringer sind die Umsätze der Firmen. 4 Je flexibler die Mitarbeiter sind, desto schneller werden die Probleme gelöst. 5 Je persönlicher und direkter Sie den Kunden ansprechen, desto positiver wird er reagieren. 6 Je qualifizierter die Mitarbeiter sind, desto besser ist die Wettbewerbsfähigkeit des Unternehmens. 7 Je klarer die Vorteile des Produkts dargestellt sind, desto attraktiver wird das Angebot für den Kunden.

Quellenverzeichnis

Cover: © Strandperle/Paul Bradbury/Caia Image

S. 6: © Thinkstock/iStock/typhoonski
S. 7: Turbine © Thinkstock/iStock/photosoup; Logo Bärenbräu © Hueber Verlag; Flaschen © Thinkstock/iStock/TeerawatWinyarat
S. 8: © Thinkstock/Photodisc/Ryan McVay
S. 11: © Getty Images/Westend61
S. 12: © Thinkstock/iStock/youPower
S. 13: Logo Bärenbräu © Hueber Verlag
S. 14: © Thinkstock/iStock/monkeybusinessimages
S. 15: oben © Thinkstock/iStock/bonchan; unten © Thinkstock/moi/amanaimagesRF
S. 16: oben © Thinkstock/iStock/terex; unten © Thinkstock/iStock/snvv
S. 18: © Thinkstock/iStock/Szepy
S. 19: Logo © Hueber Verlag
S. 20: oben © fotolia/Pavel Losevsky; unten © fotolia/emel82
S. 21: © Thinkstock/iStock/simon_photos
S. 23: © fotolia/ellagrin
S. 24: © Thinkstock/iStock/Teun van den Dries
S. 25: oben © Thinkstock/iStock/breifbluesky; unten © iStock/tiler84
S. 26: © Thinkstock/iStock/58shadows
S. 28: Logo ags © Hueber Verlag; Gartenutensilien © Thinkstock/iStock/AlexRaths
S. 29: © Thinkstock/moodboard
S. 30: © Thinkstock/iStock Editorial/Africanway
S. 31: Logo Ikarus © Thinkstock/iStock/tanyok; Model © Thinkstock/iStock/sarymsakov
S. 32: © Thinkstock/iStock/studiogstock
S. 34: © Thinkstock/iStock/richterfoto
S. 35: oben © Glow Images/Tanja Rosso; unten © Thinkstock/DigitalVision/Siri Stafford
S. 36: oben © Thinkstock/iStock/jayfish; unten © Thinkstock/iStock/RudyBalasko
S. 37: oben © MEV/S.N.A.P Fotodesign; unten © Thinkstock/iStock/Proformabooks
S. 38: Einkaufswägen © Thinkstock/iStock/nickylarson974; Schriftzug © fotolia/K.C.
S. 41: © Thinkstock/iStock/Nerthuz
S. 42: © fotolia/conejota
S. 43: Tastatur © Thinkstock/Photodisc; Auspuff © Thinkstock/iStock/Grassetto; Nachthemden © Thinkstock/Photodisc/Ryan McVay
S. 44: © Thinkstock/iStock/Saklakova
S. 45: Hund © MEV/König Susanne
S. 47: © Thinkstock/iStock/Jacob Ammentorp Lund
S. 48: © PantherMedia/Robert Kneschke
S. 49: © Thinkstock/liquidlibrary/Jupiterimages
S. 50: © Thinkstock/iStock/BIG_TAU
S. 51: Logo © Hueber Verlag
S. 53: 1 © Thinkstock/iStock/CHAIWATPHOTOS; 2 © Thinkstock/iStock/SafakOguz; 3 © Thinkstock/iStock/Auris; 4 © Thinkstock/iStock/Nerthuz; 5 © Thinkstock/iStock/homeworks255; 6 © Thinkstock/iStock/Alexan2008; 7 © Thinkstock/iStock/Stepan_Bormotov; 8 © Thinkstock/iStock/nattstudio

S. 54: von links: 4x © fotolia/Ray; © Thinkstock/iStock
S. 55: oben © Thinkstock/iStock/Frizzantine; unten © iStock/phototechno
S. 56: oben © Thinkstock/Design Pics; unten © Thinkstock/iStock/jmillard37
S. 57: oben © PantherMedia/Mortimer Müller; unten © Thinkstock/Stockbyte
S. 58: © Thinkstock/iStock/ikuvshinov
S. 59: Logo Fröhlich AG © Thinkstock/iStock/Baluchis
S. 61: © Glow Images
S. 62: © Thinkstock/iStock/Portra
S. 63: © iStock/helovic
S. 64: © Thinkstock/iStock/RamCreativ
S. 65: Logo Pinkus © Thinkstock/iStock/Yevgeniy Il\'yin
S. 66: © Thinkstock/iStock/zefart
S. 67: © fotolia/Visual Concepts
S. 68: oben © Thinkstock/iStock/KatarzynaBialasiewicz; unten © Thinkstock/iStock/Florin1605
S. 69: © iStock/Katarzyna Bialasiewicz
S. 70: © Thinkstock/iStock/alphaspirit
S. 71: Logo Bussart AG © Hueber Verlag
S. 73: oben © iStock/PeopleImages; unten © Thinkstock/Photodisc/Ryan McVay
S. 74: oben © fotolia/th-photo; unten © Thinkstock/iStock/Elenathewise
S. 76: © Thinkstock/iStock/Stadtratte
S. 77: Logo earthwind © Thinkstock/iStock/tovovan
S. 78: Logo earthwind © Thinkstock/iStock/tovovan
S. 80: © Thinkstock/iStock/g-stockstudio
S. 81: oben © fotolia/Claudia Paulussen; unten © fotolia/haveseen
S. 82: © fotolia/milanmarkovic78
S. 83: © Thinkstock/iStock/ttatty
S. 84: © Thinkstock/iStock/JovanaMilanko
S. 85: Logo Zahnradfabrik © Thinkstock/iStock/mejnak
S. 86: © fotolia/rsooll
S. 87: © Thinkstock/iStock/leungchopan
S. 88: oben © Thinkstock/iStock/i3D_VR; unten © Thinkstock/iStock/AygulSarvarova
S. 89: © Thinkstock/PhotoObjects.net
S. 90: © fotolia/Marco2811
S. 91: Logo Oppenheim AG © Hueber Verlag
S. 93: oben © iStock/JackF/Iakov Filimonov; unten © Thinkstock/iStock/ForsterForest
S. 94: © Thinkstock/iStock/dziewul
S. 96: Einladung © Thinkstock/iStock/Lubushka
S. 100: oben © Thinkstock/iStock/vitranc; unten © Thinkstock/iStock/Rawpixel Ltd
S. 101: A4 © Thinkstock/iStock/sasimoto; A5 © iStock/stockcam; A6 © iStock/rs-photo/Klaus Schneider
S. 102: Hotels von links: © Thinkstock/iStock/kemaltaner; © iStock/kickstand; © Thinkstock/Hemera/Brian Jackson; B2 © Thinkstock/iStock/microolga
S. 103: © Thinkstock/Photodisc/Kim Steele
S. 104: © PantherMedia/Martina Berg
S. 105: oben © iStock/Simon Smith; unten © Thinkstock/iStock Editorial/ETIENJones